당신의
이야기는
무엇입니까

당신의 이야기는 무엇입니까

베이비부머 세대의 구술생애사를 통해 본 희망의 노년 길 찾기

초판 1쇄 인쇄 2018년 1월 5일 ╲**초판 1쇄 발행** 2018년 1월 10일
지은이 김찬호 고영직 조주은 ╲**펴낸이** 이영선 ╲**편집 이사** 강영선 김선정
주간 김문정 ╲**편집장** 임경훈 ╲**편집** 김종훈 이현정 ╲**디자인** 김회량 정경아
독자본부 김일신 이호석 김연수 박정래 손미경 김동욱

펴낸곳 서해문집 ╲**출판등록** 1989년 3월 16일(제406-2005-000047호)
주소 경기도 파주시 광인사길 217(파주출판도시) ╲**전화** (031)955-7470 ╲**팩스** (031)955-7469
홈페이지 www.booksea.co.kr ╲**이메일** shmj21@hanmail.net

김찬호, 고영직, 조주은 © 2018
ISBN 978-89-7483-908-6 03300
값 13,500원

이 도서의 국립중앙도서관 출판예정도서목록(CIP)은 서지정보유통지원시스템
홈페이지(http://seoji.nl.go.kr)와 국가자료공동목록시스템(http://www.nl.go.kr/kolisnet)에서
이용하실 수 있습니다.(CIP제어번호: CIP2017034649)

이 책은 문화체육관광부, 한국문화예술위원회가 후원하는 "2017 문화다양성 증진을 위한 무지개다리 지원사업"
중 안양문화예술재단의 〈세대문화다양성 발굴 및 교류 프로젝트 '오버 더 시니어 레인보우 ver.4'〉의 일환으로 출
간되었습니다.

기획 안양문화예술재단
총괄 남궁원 ╲**운영** 조성호 정승용

베이비부머 세대의 구술생애사를 통해 본
희망의 노년 길 찾기

김찬호 / 고영직 / 조주은

당신의
이야기는
무엇입니까

서해문집

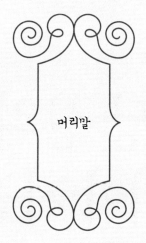

머리말

다른 노년을
찾아서

인간은 강과 같다. 물은 어느 강에서나 마찬가지며 어디를 가도 변함
이 없다. 그러나 강은 큰 강이 있는가 하면 좁은 강도 있으며, 고여 있
는 물이 있는가 하면 급류도 있다. 맑은 물과 흐린 물, 차가운 물과 따
스한 물도 있다. 인간도 그러하다. - 톨스토이

　모든 생명은 시간의 흐름에 따라 변화한다. 그 경로는 유전자
의 명령과 환경의 제약에 의해 만들어진다. 그런데 사람의 운명
은 자연의 조건에만 좌우되지 않는다. 사회가 빚어내는 여러 가
지 제도, 오랜 시간 동안 축적되어 온 습속에도 큰 영향을 받는
다. 그래서 사람의 인생은 어느 시대에 태어나 어느 집단에서 자
라났는가에 따라 그 모습이 전혀 달라진다. 물론 사회가 모든 것
을 결정하는 것은 아니다. 똑같은 사회적 조건에서도 저마다의
의지와 선택에 따라 전혀 다른 인생이 전개된다.
　근대 이후, 전통의 위력과 신분제의 구속에서 풀려난 개인들
이 펼치는 생애의 스펙트럼은 점점 넓어졌다. 그러나 그것은 자
유로운 여정만이 아니었다. 기존 질서의 해체는 인간을 해방시
킴과 동시에 불안의 광야로 내몰았다. 사회 체제는 점점 더 거대
하고 복잡한 얼개를 띠면서 개개인의 운명을 난해하게 만들고

있다.

한국처럼 돌발적인 근대화와 압축적인 산업화를 치른 나라일수록 혼란은 가중될 수밖에 없다. 우리는 어느 시대에도 품지 못했던 형형색색의 욕망들을 쫓으면서도, 불확실성의 칙칙한 미로에서 방황하고 있다.

베이비부머 세대는 그 격랑과 파장을 온몸으로 경험하는 중이다. 이들은 오랜 역사 속에서 비슷하게 반복되어 온 생애 경로를 이탈한 첫 세대라고 할 수 있다. 전쟁의 여운이 채 가시지 않았던 즈음에 태어나 보릿고개의 끝자락을 맛보았고, 경제가 비약적으로 성장할 때 유년기와 청년기를 통과했다. 기성세대의 권위를 부정하면서 자기들만의 정체성을 대중문화로 구현했으며, 젊은이의 저항 의식과 패기로 민주화를 이뤄 냈고 정치적 실세가 되었다. 독재 정권의 탄압을 받았지만 번영의 결실을 가장 많이 누렸고, 번영이 절정에 이르렀을 때 국제통화기금(IMF) 사태로 큰 위기에 처했으나 일부는 정보화와 벤처 열풍의 주역으로 거듭날 수 있었다.

그런데 지금 이들은 어떤 자리에 놓여 있는가? 현역에서는 물러났으나 아직 노인층으로는 편입되지 않은 단계에서 불안한 시간을 보내는 경우가 대단히 많다. 수명은 자꾸만 길어지는데, 남은 인생에 대한 밑그림이 좀처럼 그려지지 않는 것이다. 참고할 만한 모델도 마땅치 않다. 위 세대와 차별화된 문화를 누리며 청년기를 보냈듯이, 노년기에 들어서면서도 전인미답前人未踏의 길

찾기를 해 나가야 할 처지다. 그 모험은 가슴을 설레게 하기보다
는 무겁게 짓누른다.

노후 준비를 어떻게 할 것인가. 건강을 관리하고 경제 기반을
마련하는 것이 우선순위로 떠오른다. 그러나 그것은 필요조건일
뿐이다. 아픈 데 없고 돈이 궁하지 않다고 해서 행복해지는 것은
아니다. 앞으로 30여 년의 세월을 무엇으로 건너야 할까.

인생 이모작의 테마가 잡히지 않으면 시간 자체가 버거운 짐
이 될 수밖에 없다. 정신적인 공허함이나 무료함은 심신의 활력
을 떨어뜨려 건강을 위협할 수도 있고, 그로 인해 경제적인 손실
이 생길 수도 있다. 자신의 삶을 새롭게 창조하면서 황혼기를 맞
이하는 길은 어디에 있는가.

그 실마리는 이미 지나온 발자취에 숨어 있다. 우여곡절의 과
거사를 돌아보면서 미래를 향해야 한다. 되돌아가고 싶지 않
고, 다시 들춰 보고 싶지도 않은 순간들만 숱하게 떠오를 수 있
다. 그래서 그냥 기억을 봉쇄하면서 괴로움을 외면하고 싶을지
도 모른다. 하지만 그럴수록 구태의연한 패턴이 반복되기 마련
이다. 수십 년 동안 형성되고 굳어진 관성에서 벗어나 다른 궤적
으로 진입하려면, 지난날들을 냉정하게 복기할 필요가 있다.

운전할 때 커브를 돌면 백미러에 지나온 길이 입체적으로 비
친다. 이와 비슷하게, 인생 항로가 중대한 전환기에 들어설 때
과거사는 새로운 풍경으로 다가온다. 그것을 면밀하게 독해할
필요가 있다. 구겨지고 얼룩진 시간일지라도 찬찬히 응시하다

보면 앞으로 살아갈 날들의 복선이 떠오를 수 있기 때문이다.

당신의 이야기는 무엇입니까. 가십거리나 수다의 소재를 묻는 것이 아니다. 당신이 어떤 길을 걸어왔는지, 그 발걸음이 품고 있는 내재율內在律이 무엇인지 듣고 싶은 것이다. 생애사는 단순한 사건의 나열이 아니다. 역사는 기억의 재구성이요, 끊임없는 해석의 과정이다. 과거를 바라보는 관점, 그 안에 담긴 경험들을 배치하고 의미 부여하는 방식은 당신의 몫이다. 그 선택에 따라서 자아는 언제든 변형되거나 탈바꿈할 수 있다. 미래의 씨앗은 지금 내가 빚어내는 존재 안에 깃들어 있다. 삶의 서사敍事를 생성하는 일이 그 방법 중 하나다.

이 책은 베이비부머 3인의 인생사를 담고 있다. 출간의 배경은 이러하다. 안양문화예술재단은 세대 문화와 관련한 대중 강좌를 진행하고 그것을 묶어 책으로 내 왔다. 중년 이후 존엄한 삶의 가능성을 타진한《나이듦 수업》과 멘토로서 후배와 공동체에 기여하는 길을 모색한《선배 수업》이 그것이다. 그리고 이제 한 걸음 더 나아가 이번 기획은 베이비부머의 생애사를 구술·채록하여 그 세대의 현주소를 짚으며 향후 삶의 방향을 가늠하는 작업이다. 세 명의 인터뷰어가 세 분의 인터뷰이를 각각 네 차례 정도 만나 깊은 이야기를 들었고, 그것을 토대로 안양문화예술재단에서 대중 강좌 형식으로 오픈토크를 진행했다. 그리고 세 명의 인터뷰어가 각자의 인터뷰 경험을 토대로 베이비부머의 좌표를 그려 보는 토크 콘서트를 열었다. 책에 실린 내용은 그 전체를 다듬고 편집한 것이다.

　인터뷰에 초대된 세 분이 살아온 궤적은 전혀 다르다. 동시대를 영위해 온 삶의 모습이 그토록 상이할 수 있음은 그만큼 사회가 격동했다는 반증일 것이다. (물론 베이비부머 세대 전반을 아우른다면 훨씬 더 이질적인 풍경이 만화경처럼 펼쳐지리라.) 그러면서도 3인 사이에는 공통점이 있다. 혹독한 환경에서 좌충우돌하면서 살아왔다는 것, 그 속에서도 성찰의 끈을 놓지 않고 자아를 돌봐 왔다는 것, 그리고 지금 배움의 나침반을 들고 낯선 세계로 한 걸음씩 나아가고 있다는 것이다.

　이분들이 엄청나게 드문 이력의 소유자는 아니다. 가령 소설이나 다큐멘터리의 주인공이 될 만큼 특별한 삶을 살아온 것은 아니라는 말이다. 뭔가 극적인 스토리를 기대한 독자들은 실망할 수도 있다. 하지만 바로 그 이유로, 자신을 넌지시 비추면서 생애의 결을 가다듬어 볼 수 있지 않을까. 평범함 속에 숨어 있는 비범함을 마주하며 스스로도 몰랐던 나를 탐색하게 되지 않을까. 우리 세 명의 인터뷰어들도 같은 베이비부머 세대로서 그분들을 거울삼아 자화상의 구도를 다시 잡을 수 있었다.

　개인이든 집단이든 전환기에는 근본적인 점검이 요구된다. 새로운 시간을 맞아들이려면 목표를 수정하고, 일과 인간관계를 리모델링해야 한다. 이러한 의향을 가지고 자신의 이야기를 풀어내는 것은 노후 프로젝트의 바탕을 다지는 작업이다.

　그러나 흔히 '왕년에 내가 말이야…'로 시작되는 나이 든 사람들의 장광설은 자아도취의 징후일 뿐이다. 거기에 깔려 있는 권위주의와 꼰대 의식은 스스로를 아래 세대로부터 고립시키기 일쑤다. 자기 과시가 아닌 성찰의 언어가 절실하다. 생애에 드리운 빛과 어둠을 아울러 품으면서 자신을 관조하고 조감해야 한다.

인터뷰는 그 작업에 적합한 형식이 되는 듯하다. 일방적인 스토리텔링이 아니라 묻고 답하는 대화 속에서 의외의 발견이 일어난다. 어떤 사건이나 경험을 전혀 새로운 각도에서 조명하기도 하고, 한 번도 떠올려 보지 못했던 생각을 만나기도 한다. 지나온 발자취와 지금 서 있는 자리를 제3자의 시선으로 객관화하면서 자신의 잠재력과 가능성을 타진할 수도 있다.

이 책을 통해 독자들은 자신을 낯설게 바라보면서 이런저런 물음표를 달아 볼 수 있으리라 기대한다. 나아가 그러한 화법으로 배우자나 친구들의 말문을 두드려 보기를 권한다. 그들에게서 흘러나오는 이야기들은 다음 세대에게 소중한 선물이 될 것이다.

인생은 강물처럼 흐른다. 때로 빠르게, 때로 느릿느릿, 때로는 직선으로 곧게, 때로는 굽이굽이 휘돌아 흘러간다. 강의 깊이도 너비도 수시로 변한다. 물소리에 귀 기울이면 생명의 리듬이 울린다. 탁류 속에서도 반짝이는 물고기들이 있다. 그 몸짓을 따라 마음의 무늬를 그리고 싶다. 세대의 경계를 넘어 함께 빚어갈 세상의 설계도가 거기에서 탄생한다. 도면에 그려진 건축의 양식은 무엇일까. 이 책에서 펼쳐지는 세 분의 생애사, 그 드라마에 씨줄과 날줄로 얽힌 질문들에서 몇 가지 단서를 찾을 수 있기를 소망한다.

김찬호

차례

3 다음 세대와 함께 배움의 텃밭을 일구다

보론 베이비부머 세대는 무엇으로 사는가?

문래동
홍반장,
내일을 묻다
問來

I

사람은 무엇으로 사는가. 베이비부머 세대에 속하는 '문래동 홍반장' 최영식 선생은 한국전쟁 직후인 1954년(호적 나이로는 1955년으로 돼 있다) 음력 10월 5일, 전라북도 순창에서 전주 최씨 3대 독자로 태어났다. 최 선생은 평소 입버릇처럼 자주 "나는 (시대에서) 비켜서 있는 사람" 이라고 말한다. 개인의 진실이 그대로 역사의 진실이 되는 것은 아니라고 생각하기 때문인 듯하다. 물론 개인의 진실을 절대화하는 것 또한 온당한 처사는 아니다. 어느 누구도 한 개인의 인생 내력來歷에 대해 함부로 말할 권리는 없다. 어쩌면 '꼰대 문화'는 개인의 진실을 강변하고 후속 세대에게 강요하려는 태도에서 비롯하는 것이 아닐까 싶다. 그런 태도가 견고해질수록 후속 세대와 대화하고 소통하는 일은 불가능해진다. 70대를 전후로 한 세대의 삶과 시대를 소재로 한 영화 〈국제시장〉(2014)이나 〈허삼관〉(2015)을 보며 마음이 조금 불편해지는 것은 이런 이유에서다. 〈국제시장〉의 주인공 '덕수'(황정민 분)는 "이만

하면 내 잘 살았지예?"라고 이야기한다. 이 말은 개인의 차원에서 진실일 수 있겠지만, 노년 세대가 자기 합리화를 위해 하는 알리바이로서의 독백은 아닐지 성찰해 보아야 한다. 사람은 합리적인 존재가 아니라 자신의 말과 행동을 합리화하려는 존재라는 점에서 그러하다.

지난(2017) 여름, 나는 서울 문래동에서 최영식 선생과 베이비부머의 생애사를 주제로 수차례 인터뷰를 진행하며 그의 삶을 염탐하는 기회를 가졌다. 선생은 은퇴 이전의 삶과 이후의 삶이 확연히 다른 삶을 살아가고 있다. 그를 부르는 '호칭들'이 무수히 많다는 사실에서 여실히 확인할 수 있다. 특히 20~40대가 다양한 호칭을 쓴다. 영식이형(성), 오빠, 삼촌, 아저씨, 아재, 선생님……. 예순 살이 넘은 한 남성을 젊은 세대가 부르는 호칭이 이토록 다양한 경우는 자주 경험하는 일이 아니다. 호칭의 인플레이션 현상은 기업은행(IBK) 광명지점장까지 지내다 은퇴한 후 그가 살아온 인생 2막의 행장行狀과도 깊은 관련이 있다. 이 호칭들 가운데 최영식 선생을 설명하는 가장 명예로운 이름은 '문래동 홍반장'이라는 닉네임이다. 아마도 영화 〈홍반장〉(2004)에서 '열일하는' 홍반장(김주혁 분)에서 온 것이리라. 선생은 문래동 어디선가 누군가에게 무슨 일이 생기면 틀림없이 나타나는 존재이기 때문이다. 그렇다고 그가 젊은 세대를 향해 지적질하며 '참견'한다는 의미는 절대 아니다. 정반대다.

예를 들어 문래동에 사는 젊은 예술가들의 전시회가 끝나면 누가 시키지 않았는데도 두 팔을 걷고 설거지하고, 젊은 벗들이 세상사의 고단함을 하소연하면 술잔을 함께 기울이며 상담역을 자청하는가 하면, 문래동 예술가들과 철공소 아저씨를 연결하는 링커Linker 노릇을 자임한다. 모두 돈 되는 일과는 별로 상관없는 일들이다. 문래동을 단순히 주거지로서가 아니라 일상적 삶과 경험을 나누는 공간으로, '내가 살고 있는 동네'로 생각하기 때문이다. 먼저 산 사람으로서 책임감을 갖고 누가 시키지 않아도 공공선을 발현하고자 하는 선배 시민Senior citizen으로서의 역할을 묵묵히 수행하고 있는 것이다. 한 사람의 인격과 인품을 이야기할 때는 과거에 무슨 일을 했느냐가 중요할 수 있다. 그러나 더 중요한 것은 지금 이 순간 무슨 일을 하고 있고, 누구와 만나고 있느냐이다. 최영식 선생은 영적이고 철학적인 물음을 스스로에게 던지며, 자유로운 삶을 위한 배움을 멈추지 않는다. 노년기의 공부란 지식을 쌓는 공부도 아니고, 아상我相을 고집하는 공부도 아니다. 자신의 내공을 쌓는 진짜 공부가 무엇이며, 어떻게 살 것인가에 대해 공부하고 있다.

사람의 생애에서는 자기 자신을 설명할 수 있는 서사敍事가 중요하다. 개인이든 집단이든 나라고 하는 인간이 어떤 인간이고, 나는 어떤 이야기의 일부이며, 또 어떤 이야기의 주인공이고 싶어 하는지 모른다면 큰 혼란을 겪게 된다. 그런데 베이비부머 세대가 겪는 고령화 쇼크는 인류 역사상 처음 있는 일이어서 개인의 차원에서건 집단의 차원에서건 이들의 삶을 설명할 수 있는 이야기가 아직 부족하다. 따라서 베이비부머 세대의 노년에 대한 연구와 담론이 중요함은 말할 나위가 없다.

이런 점에서 최영식 선생의 이야기를 듣는 것은 자기 앞의 인생을 어떤 이야기로 엮을 것인지에 대한 그의 고민과 목마름을 듣는 시간이라고 할 수 있었다. 선생과의 인터뷰 내내 "내가 왕년에…"라는 식의, 이른바 꼰대질 언사를 단 한 번도 듣지 않았다는 사실은 나에게 다른 삶의 문법이 가능하다는 점을 각인시켜 주었다. 또 언제나 호기심을 갖고, 항상 행동하며 살아가려는 선생의 모습에서 무엇이 삶의 전환을 가능하게 하는지 생각할 수 있었다. 한 마디로 말하자면, '누가 나에게 이 길을 가라 하지 않았네'라는 말로 요약할 수 있다.

다음에 이어지는 대담은 여러 차례 인터뷰한 내용과 안양 평촌아트홀에서 진행한 토크를 바탕으로 주제에 맞게 재구성한 것이다. 이 자리를 빌려 흉금을 터놓고 자신의 이야기를 들려주신 최영식 선생에게 감사의 말씀을 드린다.

유소년 시절
- 타인능해他人能解의 정신을 배우다

베이비부머 최영식의 유소년 시절은 그 세대에 속하는 여느 보통 사람과 크게 다르지 않은, 평범한 삶이었다. 내남 없이 가난한 시절이었으나, 아버지가 학교 교사였기 때문에 아주 가난한 축에는 속하지 않았다. 그에게 가장 많은 영향을 준 아버지는 바둑 두기와 붓글씨 쓰기를 좋아하는 한량과科였다. 누님이 두 분 계시지만, 3대 독자인 그의 인생에서 가장 중요하게 작동한 마음의 기제는 이른바 장자長子 의식이었던 것 같다.

고영직　　고영직입니다. 선생님과 저는 이름이 '한 끝 차이'인데, 사는 건 '천지 차이' 같네요. (웃음) 영국인 저널리스트 다니엘 튜더가 쓴《기적을 이룬 나라 기쁨을 잃은 나라》(2013)라는 책 제목이 화제가 된 적 있는데요. 해방과 분단 이후의 한국 사회 특징을 잘 요약했다는 생각이 듭니다. 베이비부머 세대에 속하는 선생님은 특히 장자여서 더 실감하실 듯합니다.

최영식　　최근에 전주 출신 김범준 작가가 '대한민국에서 장남으로 예술하기'(2017)라는 재미난 전시회를 열었어요. 예술가가 직업인 김범준 씨의 미래를 늘 걱정하는 가족을 상대로 현대 미술 강의를 한 거예요. 자기 집 거실에 플래카드까지 떡 걸어 놓고. 그러니까 아버지가 "어, 그래. 네가 하는 예술은 잘 알겠는데, 그래서 밥은 먹고 다니냐?"라고 하셨답니다. 작가가 장남이었고, 저도 장자여서 퍽 공감이 됐어요. 그런데 알고 보니 김범준 작가의 아버지가 바로 제 나이 또래더라고요. 전시 오프닝 때 못 갔는데, 아버지가 도슨트로 나와 작품 설명을 했다고 합니다. 우리나라에서 세대 간 갈등이 갈수록 심해지고 있어서, 이런 작업이 참 좋아 보였습니다. [나이 들수록 자식·부모 간에 소통하기가 쉽지 않은데요.] 아마도 예술을 매개로 가족과 공유하고 싶었던 가치가 바로 소통이 아니었을까 싶어요. 3대 독자로 살아와서 그런지 제 눈으로 봐도 참 괜찮은 작업이었습니다. 저는 예순 몇 해를 대한민국에서 장남으로 살면서 대代를 잇고 가계家計를 책임져야 한다는 무언의 '짐'을 늘 의식하며 살아온 것 같습니다. 세뇌까지는 아니어도 알게 모르게 그냥 그런 의식이 체화된 게 아닌가라는 생각이 들어요.

고　이번 대담이 세대 간에 같은 가치를 공유하는 자리가 되었으면 좋겠어요. 먼저 선생님의 유소년 시절을 듣고 싶습니다. 성장 과정은 어떠셨어요?

최　할아버지 고향이 전남 구례군 토지면이었는데, 일제 때 구례와 순천을 전전하셨습니다. 3대 독자인 아버지가 일제 때 징용에 끌려가면 대가 끊길 가능성이 높다고 생각해서 그렇게 하신 것 같아요. 그러다 1950년대 중반 즈음 전북 순창군 금과면 고례리에 정착하셨어요. 제가 태어날 무렵 할아버지는 돌아가셨고, 아버지는 초등학교(당시 국민학교) 선생님이셨습니다. 위로 누나만 셋이 있었는데, 중간에 누나 한 명이 죽고, 그 다음에 제가 태어났어요. 손 귀한 집이라 어머니는 제가 태어나기 전까지 할아버지한테 많이 구박받지 않았을까 싶습니다. [한국전쟁 직후에 태어나셨네요.] 음력 10월 5일인데, 양력으로 환산해 보니 10월 31일이었어요. '시월의 마지막 밤'에 태어난 셈이지요. (웃음) 아버지는 학교 선생님이셨고, 농사를 주로 하진 않으셨지만 논농사도 약간 지으시고 텃밭도 조금 가꾸셨어요.

고　어린 시절은 어떠셨어요?

최　순창에 살던 시절 아버지는 학교(금과초등학교)가 가까워서 집에서 출퇴근을 하셨어요. 전남 담양에서 교사 생활하실 때는 관사官舍에 계신 것 같고요. 지금 생각해 보면 시골이어서 그런지 별정우체국, 면사무소, 양조장에서 일하는 사람들과 교사 외에는 전부 다 농사를 지었어요.

　한번은 어머니가 광주에서 어깨에 메는 가죽 가방을 사다 주셨는데, 이틀인가 메고 못 들고 다녔어요. 가죽이라 색이 누리끼리해서 보자기를 메고 다니는 아이들이 '똥가방'이라고 엄청 놀렸거든요. 한 장짜리 국회의원 달력으로 딱지 만든 것도 기억나네요. 종이가 귀한 시절이었죠. [내남 없이 다들 어려운 시절이었으니까요.] 도시락 못 싸 오는 아이들, 도시락 싸 와도 반찬이 장아찌 종류가 대부분이었어요. 원조 물품으로 나온 옥수수를 양호실(보건실)에서 큰솥에 끓여 주면, 점심 때 타 와서 도시락 없는 아이들에게 나눠 주는데 그걸 도시락과 바꿔 먹기도 했죠. 도시락 반찬으로 멸치 볶음이 자주 나오다 보니 한동안 되게 싫어했어요.

초등학교 때는 서울로 수학여행 간 기억이 있습니다. 지금의 서울시청 별관이 국회의사당이었는데, 의사당 구경도 하고 전차도 타고 동아일보사에 견학도 갔죠. 국회에서 차를 내줘서 인천 어딘가도 구경했습니다. 창경궁, 창경원도 갔었죠. 서울역 앞 어디가 숙소였는데 스프링으로 된 연탄집게가 신기해서 어머니께 수학여행 선물로 드렸습니다. 그때는 '어머니가 편하시겠구나' 하고 생각했는데, 좀 생뚱맞은 선물이었죠. 어머니는 정말 효자라고 생각했는지 모르겠지만요.

그 외에 특별히 기억나는 건 없지만 한국전쟁 직후여서 초등학교 시절 군인들이 삐라를 뿌리고, 동네에 와서 천막 치고 주둔하니 집에서 밥 해 준 기억이 있습니다. 순창에 소대가 있었거든요. 먼 친척인데 오랜만에 우리 집에 왔다가 동네 사람이 간첩으로 오인해 신고하는 소동도 있었네요. 초등학교 1학년 때인가 2학년 때인가에는 5·16 쿠데타가 일어났는데, 아침 조회 시간에 혁명 공약이니 반공反共이니 하던 기억이 납니다.

선생의 유소년 시절에서 인상적이었던 장면은 옛 마을 공동체의 기억이다. 전남 구례군 토지면에 있는 운조루 고택은 영조 때 낙안군수를 지낸 류이주 선생이 지은 것인데, 이 집의 쌀뒤주에는 '타인능해他人能

解'라는 글씨가 적혀 있다. '누구든 이 쌀뒤주를 열 수 있다'는 뜻으로, 나눔의 정신이 담겨 있다. 지금 최영식 선생의 인생 2막과도 연결될 수 있다는 점에서 퍽 흥미롭다.

고 유소년 시절은 어떠셨어요?

최 유년기에 살던 구례군 토지면이 굉장히 개방된 곳이었던 모양입니다. 어머니 증언에 의하면, 명절 같은 때 동네 사람들이 마을회관에 모두 모여 공동 세배를 하고 음식을 나눠 먹고 거문고도 배웠다고 합니다. 아버지는 바둑 기사 조남철 국수(國手, 1923~2006)의 영향을 받아 바둑에 몰두하셨고요. 저는 한자 문화권 세례를 받아 붓글씨를 쓰고 바둑을 두는 아버지 영향을 많이 받았어요. 그때만 해도 요즘 같은 바둑돌이 없으니까 몽돌 같은 돌을 주워서 쓰곤 했는데, 열세 점 깔고 해도 판판이 제가 깨졌습니다.

고 이시영 시인 고향이 전남 구례인데요, 그분 시에 구례 이야기가 많이 나옵니다. 구례군 토지면 운조루에 있는 쌀뒤주에 '타인능해'라는 글씨가 적혀 있는 것은 너무나 유명합니다.

최 경주 최부자댁에서 쌀을 나눠 줬다는 이야기와 비슷하죠. 저희 아버지께서는 명예퇴직하신 후에 퇴직금 일부를 초등학교 장학금으로 전달하시고 그 동네에 시멘트로 정자 하나를 세우셨어요. 이름이 유선정遊仙亭이에요. 놀 유, 신선 선. 당신이 직접 한자 쓰고 전각하고, 주련柱聯도 쓰셨어요. 그런 기억들이 머릿속에 조금씩 남아 있네요.

고 선생님만의 취미는 뭐였어요?

최 누나들이 보는 〈여원〉이라는 월간지를 많이 읽었어요. 약간 여성적인 제 취향이 반영된 것 같아요. 또 《삼국지》를 열심히 탐독했죠. 시골에서는 공부도 별로 안 했고, 지금처럼 멘토가 있는 것도 아니어서 요즘처럼 꿈이 어떻고 하는 이야기는 없었던 것 같아요. 한번은 1학년 때인가 2학년 때, 담임 선생님이 안 오셔서 아버지가 맡은 반과 합반을 하게 됐어요. 그런데 아버지가 숙제인지 준비물인지 안 해 온 사람은 손들라고 하시는 거예요. 제가 손드니까 저를 지목해서 요샛말로 '졸라' 아프게 때렸어요. 집에 가서 물어 봤죠. 정말 우리 아버지 맞느냐고요. (웃음)

고 10대 시절 빛나는 열애 사건은 없으셨나요?

최 초등학교 6학년 때 저보다 공부를 조금 더 잘하던 여학생이 있었어요. 나중에 서울에서 한 번 만났는데 아직 결혼은 안 했더라고요. 그리고 고등학교 때 펜팔이 무척 유행했거든요. 저는 고창여고 합창단에 있는 여학생과 편지를 주고받았어요. 아버지께서 편지 부치러 가실 때 제 편지도 우체통에 넣어 달라고 했었죠. 대학 가고 직장 가고 하면서 흐지부지되었지만….

마지막에 온 편지에는 〈약속〉이라는 시가 적혀 있었는데, 나중에 1978년도 MBC 대학가요제에서 같은 제목의 노래가 나왔어요. '어느 하늘 밑 잡초 무성한 언덕이어도 좋아/어느 하늘 밑 억세게 황량한 들판이어도 좋아/ … 거기서 모르는 사람을 만나고/모르는 사람이 반가워지면 좋아…' 이런 가사인데 제목이 같으니 혹시 그 여학생이 불렀는지 궁금하더라고요. 찾아봤지만 그 애 이름은 아니었습니다.

고 　네. 알겠습니다. 네티즌 수사대를 한번 가동할 필요도 있지 않을까 싶네요. 〈약속〉이라는 시를 남기고 떠나 버린 고창여고 합창반 여학생 지금 어디 계십니까? (웃음) 펜팔 이야기를 하시니 불현듯 떠오르는데요, 제가 중학교 때까지 펜팔이 꽤 유행했었어요. 해외 펜팔 같은 것도 해 봤죠. 선생님의 중고등학교 시절은 어땠어요?

최 　그때는 과외가 없던 시절이었는데, 저는 초등학교 6학년 때 과외를 했어요. 괜찮게 사는 동네 친구 집에서 교대를 막 졸업한 선생님 한 분이 하숙을 하셨는데, 그 집에 가서 과외 수업을 받았죠. 공부한 건 기억 안 나고, 그분이 여자 친구에게 연애 편지 쓰던 걸 꽤 봤어요. 다른 내용은 기억나지 않고, 편지 내용 중 '개구락지가 어쩌고…'라는 말이 가슴에 딱 와 닿았어요. 꽤 멋있게 들린 거죠. 문학적인 느낌이랄까. 선생님이니까 '개구리'라고 써야 하는데 왜 '개구락지'라고 쓰는지 궁금했죠. 파격적인 표현이어서 그런지 멋있어 보였어요. 중학교 입시는 전기, 후기 모두 다 떨어졌지만…. (웃음)

　광주서중 시험 봐서 떨어지고, 동중 시험 봐서 떨어지고…. 시골에서 맨날 친구들하고 놀다 온 저하고 전라남도에서 날고 기는 아이들은 달랐죠. 제가 우물 안 개구리였어요. 결국 아버지가 순창중학교에 보결로 넣어 주셨어요. 문제는 고등학교였어요. 지금은 그런 학제가 없어졌는데, 고등학교 갈 때가 되니 '동일계同一系'로 올라가는 제도가 생겼어요. 광주서중 재학생은 시험 없이 광주일고로 바로 올라가고, 경기중 나오면 바로 경기고 가는 식이지요. 그래서 광주일고는 시험이 없었고, 광주고는 부족한 인원만 뽑았습니다. 당연히 경쟁이 엄청 치열했고, 전 떨어졌어요.

고   중·고 입시를 거치면서 10대 시절에 이미 '쓴맛'을 보셨네요.

최   광주고 떨어지고 교무실에서 엄청 울었어요. 중학교 때는 나름 공부를 잘 했는데 떨어지니까 창피하기도 했죠. 어찌하다 후기에 광주상고로 갔습니다. 제 의사와 상관없이 경영학과에 가고, 은행에 취직하게 됐습니다. 상고를 안 갔으면 은행으로 안 빠졌을 겁니다. 아버지께서 교대를 추천하셨거든요. 상고 시절도 무척 힘들었어요. 왜냐하면 광주상고 밑에 동성중학교가 있어서 그 친구들이 올라오는데 다 주산珠算 선수들이었거든요. ['주부타'라고 하나요? 주산, 부기, 타자.] 타자는 없었고, 주산이랑 부기를 했습니다. 동성중 출신 애들은 기본이 주산 9단, 부기 몇 단인 경우가 많았어요. 저는 또 주산을 되게 못했어요. 숫자에 약했거든요.

돌아보면 중학교·고등학교·대학 시절까지 그냥 '정말 성실히' 살려고 했던 거 같네요. 전 장남이니까. 고등학교 3학년 때

삼선 개헌 문제로 시끄러울 때 아버지가 그러셨습니다. "너는 장남이니까 이런 문제에 비켜서 있어야 한다." 사회문제와 같은 이슈에서 '비켜나 있으라'는 말씀이었죠. 그래서였을까요? 은행 퇴직 이후 더 이상 '비켜서 있지 않겠다'고 생각한 것은….

은행원이 되다

72학번 경영학도가 된 최영식 선생의 대학 시절과 군대 시절은 평범한 사람들의 삶 자체였다. 선생이 지난 시절을 회상하면서 입버릇처럼 '비켜서 있는 사람들'이라는 표현을 쓰는 이유는 자신이 살았던 시대의 문제에 정면으로 나서지 못한 삶을 자책하는 의미라고 보면 맞다. 대학 시절에 관한 이야기를 잘 하지 않으려는 의도 또한 같은 이유 때문이리라.

　이제 청년 최영식의 대학, 군대, 그리고 은행 시절에 관한 이야기를 청취하고자 한다. 어쩌면 최영식 선생이 기억하는 이 시절의 이야기는 나와 내 가족의 안전 및 안녕을 위한 삶을 준비하는 과정이었다고 봐도 틀리지 않을 것이다. 부산에서 군 생활을 하고, 졸업 후 은행에 취직하고, 아내와 결혼하며, 건실한 은행원으로서 충실하게 생활했던 나날들이었다. 선생의 삶은 소설가 성석제의 장편 《투명인간》에 등장하는 인물 '김만수'의 삶과 거리가 멀어 보이지 않는다. 소설

속 '김만수'는 그냥 착한 사람으로 살아가지만, 이 시절 최영식 선생의 삶에는 여일하게 나타나는 하나의 정신이 있다. 앞에서 언급한 '타인능해'와 결이 같다고 할 수 있는 '나눔의 정신'이다. 하지만 현실에서 나눔의 정신은 때때로 그에게 경제적 손실 내지 경찰서 출입이라는 곤경으로 돌아오는 경우가 적지 않았다.

고   누나들이 보는 〈여원〉을 읽으셨으면, 좀 조숙한 편이셨을 것으로 추정됩니다. 20대 시절은 어떠셨어요?

최   특별한 기억은 별로 없습니다. 한창 통기타가 유행했던 시대라서 통기타, 카세트 들고 등산 가고 하면서 20대를 보냈죠. 한참 포크송 부를 때였으니까요. '너의 침묵에~' 하는 노래 있죠? 맨 처음에 기타 배울 때는 그 노래부터 시작했습니다. 폼도 나잖아요. 사실 치는 것도 치는 거지만 폼 재고 다니려고 많이 배운 거죠. 또 워커 신고 군인 야전잠바 물들여서 입고 다녔습니다. 아주 밋밋했죠. 어떻게 보면 저의 20대는 '비켜서 있었던' 시절이었습니다. 그래서 부채 의식 같은 게 좀 있어요.

고   선생님 말씀은 김우창 선생이 어느 칼럼에 쓰셨던 '서서 기다리는 사람들의 공헌'이라는 표현을 떠올리게 하네요. 아버님 당부도 있었고 장남이라는 의식도 컸겠지만, 그럼에도 불구하고 시대에 대해 어떤 문제의식이 없지는 않으셨으리라고 봅니다.

최   문제의식만 가지고 있었어요. 제가 되게 심약해서 어디에 나서거나 그런 성격이 아니고 굉장히 조용한 성격이었거든요. 그러다 나중에 직장 다닐 때 6월 항쟁에 참여하면서 넥타이 부대가 됐습니다. 퇴직하고 나서는 울산 신고리 원전 5, 6호기 백지화 운동에 다녀왔어요. 원전에 찬성하시는 분도 있고 반대하시는 분도 있는데요. 갈 때 만났던 택시 기사 분은 탈원전에 찬성하시는 분이었고 올 때 만났던 택시 기사 분은 반대, 그러니까 계속 해야 된다는 입장이셨어요. 저, 환경중앙회 의장님, 사무처장님, 이렇게 셋이서도 반대하시는 기사 분을 설득하지 못했어요. 반대하는 이유가 있어요. 첫 번째, 전기요금이 오를 것이다. 두 번째, 1조 6천억 원이나 들어갔는데 어떻게 할 거냐?

그렇지만 사실 원전에서 나오는 폐기물을 처리할 수 있는 방법이 없거든요. 반감기가 10만 년에서 30만 년까지 걸려요. 그래서 보통 '화장실 없는 아파트'라고 부르죠. 처리할 방법은 시간뿐인데, 그동안 드는 비용은 저의 손자나 손자의 손자가 부담해야 돼요. 그래서 경주에 설치된 3분 발언대에 초등학교 4학년이 왔어요. 자기가 40년 뒤에 대통령이 돼서 원전을 싹 없애겠다고 해요. 계산을 해 보니까 걔가 대통령 될 수 있게 찍어 주려면 제가 105세까지는 살아야 되겠더라고요.

고　　군대는 대학 마치고 가신 거예요?

최　　중간에 갔죠. 그때는 대학에서 교련을 하고 군대에 갔기 때문에 군 복무제가 약간씩 달랐습니다. 저는 부산에서 군 생활을 했는데, 인쇄창에 근무했어요. 인쇄창의 구성원은 현역이 3분의 1, 방위병이 3분의 1, 군속들이 3분의 1입니다. 한번은 재밌는 일이 있었어요. 이등병 때 휴가를 받고 광주터미널에 딱 내렸는데, 헌병이 부르는 거예요. 휴가증을 보여 줬더니 '군수사軍搜查' 계통에 계신 분이냐고 묻기에 고개를 끄덕끄덕하니까 바짝 쫄아서 경례를 하더라고요. (웃음) 우리 부대가 인쇄 부대고 군수사령부에 소속되어 있었기 때문에, 휴가증이 미농지가 아니라 고급 아트지였고 '군수사'라는 빨간 도장이 찍혀 있었거든요. 그 헌병도 아마 초짜였던 모양입니다.

제대하고 학교를 마친 뒤 은행(기업은행)에 취직했습니다. 20대 후반이었죠. 기업은행이 지금도 그렇지만 정부투자기관이거든요. 우리나라 산업의 90퍼센트가 중소기업이니 내가 중소기업을 살린다는 거창한 생각을 가지고 들어왔습니다. 그런데 발령받고 나서 처음 하게 된 일이 동전 세는 일이었어요. 지금이야 기계로 셀 수 있는데 그때는 50개씩 비닐봉지에 넣고 막 흔들어서 동전 크기에 따라 분류했어요. 와이셔츠 새까매지니까 토시 끼고요. 3월에 입사를 했는데 한 달 내내 그것만 시키는 거예요. 궁금해서 도대체 이 동전은 어디서 오는 거냐고 했더니 주조협회에서 온대요. 제 상식에 주조라 하면 동전 만드는 회사인 줄 알았는데, 알고 보니까 서울 시내에서 술 판매하는 11개의 탁주조합이었어요. 그래서 고무판에다가 '4월은 잔인한 달' 이렇게 써 가면서 일하고, 출근하면 '예' '아니오'밖에 안 했어요. 너무 그만두고 싶었어요.

기업은행은 중소기업인을 위해 설립된 특수은행인데, 군사 쿠데타가 일어난 해(1961년)에 제정된 중소기업은행법에 따른 거죠. 박정희가 기존 농업은행의 도시 점포를 중소기업은행으로 바꾼 거예요. 그래서 제가 입사했을 때는 농업은행에서 넘어오신 분들도 계셨지요. 어떻게든 경제 붐을 일으켜야 한다고 해서, 은행도 국책은행이라는 이름으로 역할을 나눈 겁니다. 대기업은 산업은행, 주택 문제는 주택은행, 중소기업은 중소기업은행, 서민과 소상공인은 국민은행, 수출 쪽은 외환은행…. 이런 식으로 정부가 대주주인 투자은행이 됐어요. 은행 간에 경쟁이란 게 없었어요. 선단식 경영이라고 해서 국가 한 방향으로 가면 그대로 따라가는 식이었습니다. 관치官治 금융이라고 하는 이유였죠. 그런 관행은 쭉 이어지다 국제통화기금(IMF) 사태 이후 거의 다 깨지고 민영화됐습니다. 지금은 산업은행, 수출입은행, 기업은행 정도만 정부가 지분을 가지고 있죠.

고   IMF 이전 은행원이라 하면 1987년 6월 항쟁 때 등장했던 넥타이 부대가 떠오릅니다.

최   5·18 민주화 운동 때는 직장에 조용히 있었는데요. 1987년에는 을지로 지점(본점)에서 근무하고 있었기 때문에 점심 때 넥타이 부대의 일원으로서 한창 명동성당으로 모여드는 시위대에 합류했습니다.

첫 발령지는 광화문 지점이었어요. 거기가 어디냐 하면 지금 시청 뒤에 있는 대한체육회관 1~2층이에요. 아직 '긴조(긴급조치)'

시대'였던 그때 기억나는 일은 아버지가 상록훈장인가를 받으신다고 해서 할머니와 함께 상경하신 거예요. 아버지는 은행에 들어오시고, 할머니는 모시옷을 입으시고 손주가 근무하는 은행 정문 앞 계단에 앉아 계셨죠. 다리가 아프셨는지 소파도 아니고 계단에 그냥 앉아 계신 걸 창구에서 보는데 할머니가 되게 창피했었어요. 할머니를 빨리 모시고 다방으로 갔던 기억이 나요. 나중에 할머니께 죄송하더라고요. 아마 철이 덜 들었나 봐요.

이후 광주에 잠깐 내려왔다가 지점장 될 때까지 십몇 년을 을지로 지점에서 근무했어요. 어느 날 우리 지점에 발령이 났어요. 어떤 여직원이 와서 제가 담당 대리를 했습니다. 그때 제가 32살, 여직원이 29살이었죠. 어찌어찌하다가 그 여직원과 사귀게 되었는데, 결혼 준비를 하려고 봤더니 수중에 딱 90만 원밖에 없었어요. 장모님께 통장 보여 드리면서 "저 90만 원밖에 없습니다." 그랬더니 전셋집을 얻어 주셨죠. 혼인신고하고 장모님께 조금씩 갚았습니다.

사실 아버지가 현직에 계셨기 때문에 대리 3년차까지는 집에 생활비를 드리는 일이 없었어요. 집에 결혼하려고 하니 돈 달라고 할 수 없었던 이유였죠. 내가 벌어 내가 쓰던 시절이다 보니까 친구들한테 돈을 많이 빌려줘서 통장 잔고가 없었어요. 빌려줬다기보다는 거의 뭐 뜯긴 거죠. 친구들한테 뜯기고, 친구 동생한테 뜯기고…. 시골집에서 한약방하는 친구 동생이 있었어요. 제 동생하고 동갑이었는데, 무슨 건설업을 한다고 돈을 좀 빌려 달라고 해서 당시 돈으로 2천만 원 가까이 빌려줬던 것 같아요. 50만 원, 100만 원씩 빌려줬는데 영수증을 받지도 않았고요.

고　어마어마하게 큰돈 아니에요?

최　또 있어요. 한약방 그 친구가 5~6년 동안 연락이 두절됐는데, 결혼한 지 얼마 안 된 어느 날 딱 등장해서 소래(인천)인가 은행동(시흥)인가 주택은행 대출이 700만 원이 있는, 분양가 1,700만 원짜리 아파트 계약서를 하나 가지고 나타난 거예요. "형한테 미안하니까 이걸로 퉁 칩시다." 그러더라고요. 지금 문래동에 살게 된 것도 결국 그때 분양 계약서 때문인데… 당시 제가 직원주택조합 분양권을 신청한 상태였어요. 만약 한약방 친구가 가져온 분양권을 사면 신청 자격이 아예 없어지잖아요. 그래서 이름 바꿀 수 있느냐고 물어보니 가능하대요. 막내 처남 이름으로 바꿔 달라고 한 다음, 등기를 하고 그 아파트를 전세로 내놓았죠.

그런데 세입자한테 전화가 왔어요. 집에 갔더니 어떤 사람이 주인이라면서 못 들어가게 한다는 거예요. 무슨 소리냐고, 등본도 다 냈는데 무슨 일이냐고 했죠. 1980년 정도 됐을 거예요. 신년 초에 강서경찰서에서 처남 앞으로 참고인 조사인가 고소고발장이 접수됐다는 연락이 왔어요. 경찰서에 출두하니까 그 아파트와 관련된 고발이었어요.

처남은 내용을 전혀 모르니까 제가 처음으로 경찰서에 가서 일이 이러저러하게 됐다면서 설명을 했어요. 그런데 지장을 찍으라는 거예요. 아니, 난 피해자인데 내가 왜 이걸 해야 하느냐고 했는데도 지문을 다 찍으래요. 중요한 건 제가 한약방 친구에게 돈을 빌려줬다는 차용 증명서가 없다는 사실이었어요. 500만 원 정도를 계좌로 송금한 것 외에 나머지는 그냥 줬죠. 할 수 없이 지장을 찍었는데 고발한 사람이 여름날 은행에 찾아왔어요.

얘기를 들어 보니까 이분은 아파트 공사를 한 사람인데 돈을 못 받고 분양권을 대물代物로 받은 것 같더라고요. 자기 부장이 이 분양권을 어디 가서 팔든지 해서 돈을 마련하라고 한 거예요. 그런데 1,700만 원 중에 200만 원 정도만 어음 결제되고 나머지는 다 부도가 났대요. 그래서 제가 '선생님도 저도 피해자니까 이미 받은 200만 원하고 제가 내야 하는 취득세와 등록세를 주시면, 이 권리를 (그 사람한테) 주겠다'고 했어요. 그랬더니 은행원이랑 짜고 사기를 친다며 멱살잡이를 하더라고요. 단추가 막 툭툭 떨어지고… 너무 억울했어요. 저는 서로 손해를 보지 않으려고 협상을 한 건데 사기를 친다고 하니까요. 그럼 다시 강서경찰서 가자고 하니까 자기는 안 가려고 빼더라고요. 전 옷이 다 찢어져서 다시 사무실에 갈 수도 없었는데 말이죠. 결국 강서경찰서 가서 사정을 설명하니 폭행 혐의로 맞고소를 하라더군요. 저는 또 '심약해서' 그렇게는 못하고 씩씩거리면서 왔죠.

고　　참 황당한 사건에 휘말리셨네요. 사모님도 꽤 놀라셨을 것 같아요.

최　　그때 아내한테 참 고마웠어요. 그 난리를 치고 아침에 출근하는데 아내가 우체통에 넣으라고 뭔가를 주는데, '강서경찰서장 귀하'라는 글씨가 적힌 봉투였어요. 열어 보니 '우리 남편은 그런 사람이 아니고, 정말 성실한 직장인이고…' 구구절절 남편을 변호하는데 눈물이 핑 돌더라고요. 아내한텐 보냈다고 하고 보내진 않았습니다.

더 웃기는 일이 있습니다. 한약방 친구가 행방불명이라 고발 건은 결국 기소 중지로 끝났어요. 그 문제는 이제 없었던 일로 정리가 된 줄 알았는데, 2000년인가 해외 지점 감사 일로 출장을 가기 전에 일이 생겼어요. 처남이 비자를 발급받으려면 수사받은 서류를 내야 한다고 해서, 아내가 남부지원에 대신 서류를 떼러 갔는데 전화가 왔어요. 큰일 났으니까 당신 지금 빨리 남부지원으로 오라는 거예요. 갔더니 전산 시트에 있는 제 이름 옆에 '사기 전과'가 무려 4개나 나와 있어요. 예전 건도 있고 해서 하나는 이해되는데 나머지는 진짜 모르겠어서 "혹시 착오가 있는 건 아니냐?"라고 했더니, 담당관이 기분 나쁜 표정으로 "다 아시면서." 그러더라고요. 집에 가니 장모님이 와 계셔서 아내가 "엄마, 이 사람이 전과 4범이더라고." 하니 장모님께서 "야, 그거 결혼 전이냐, 결혼 후냐?" 그러셨습니다. (웃음) 걱정이 확 됐죠.

고　　한약방 동생이 계속 사고 친 건가요?

최　　경찰서 친구한테 전화를 했죠. 조회를 해 보더니, 예전에 있었던 집 문제 하나하고, 예비군 동원 훈련 미참여밖에 없대요. 나머지는 동명이인同名異人의 전과였던 거죠. 나중에 아는 판사가 그러더라고요. 그중 하나는 징역도 살고 그랬다고. 집사람이 그 다음날 남부지원으로 찾아가서 '다 아시면서'라고 말한 사람 나오라고, 이럴 가능성이 있다면 있다고 해야지 어디서 내 남편을 범죄자 취급하냐고 그랬더니 도망가 버렸대요. 요즘도 처가 가면 장모님께서 "전과 4범 사위 왔냐?"라고 농담을 하세요. 여하튼 그 한약방 친구 때문에 경찰서를 두 번이나 갔어요.

고　참 질긴 인연이네요. 사모님한테 잘하셔야겠습니다.

최　누군가 물어본 적이 있어요. 아내가 제일 감동을 주었던 순간이 언제였느냐고. 들장미 필 때가 아내 생일인가 그래요. 호적상 생일하고 달라서 매번 헷갈립니다. 어느 날 술 먹고 12시가 넘어서 집에 들어가는데 뭔가 기분이 찜찜한 거예요. '아 참, 오늘 아내 생일이었지' 하고 생각이 났습니다. 마침 앞집에 넝쿨장미가 흐드러지게 피어 있는 거예요. 술김에 막 꺾어서 뒤에 감췄다가 보여 줬는데, 문을 열더니 그냥 휑하게 가더라고요…. 술에 취해 잠들었다가 아침에 일어나 보니까 '아까징끼(소독약)'가 발라져 있고, 밴드도 붙어 있었어요. 아마 술 먹고 장미 꺾다가 가시에 긁힌 모양입니다. 밴드에 포스트잇도 하나 붙어 있었는데, '기왕 꺾어 올 거면 진딧물 없는 걸로 꺾어 오지'라고 적혀 있었습니다. 그 말에 되게 눈물이 나는 겁니다. 정말 사소한 사건인데, 어린 시절 '개구락지'라는 표현처럼 묘한 감동을 주었습니다. "기왕 꺾어 올 거면 진딧물 없는 거로 꺾어 오지." 저에게는 이 말이 사랑한다는 말을 다르게 표현한 말로 읽힙니다.

고　　은행에 계셨으니까 더 실감나시겠지만, 요즘 TV를 틀면 유독 대출 광고가 많습니다. 소위 '제도화된 빚'을 권하는 사회랄까요? IMF를 전후한 시점에 선생님께서는 기업은행 광명지점 지점장으로 나가고, 거기서 퇴직을 하셨는데 그때 부하 직원들과의 관계는 어떠셨어요.

최　　본점에서 거의 15년, 16년 있다가 지점장으로 나가니까 제가 되게 주목받는 사람인 줄 알았어요. 그래서 잘해야 되겠다는 욕심도 막 생기고 말도 그럴듯하게 하려고 했어요. 처음 지점에 가서 직원들한테 했던 얘기가 기억나는데요. 어렸을 때 운동회하면 그런 게임이 있었잖아요. 밑에 7명, 위에 5명, 이렇게 꼭대기까지 쌓는 게임. 그걸 예로 들면서, "나는 꼭대기까지 올라가기 위해 직원의 등을 밟고 올라가진 않겠다. 아프면 아프다고 해라. 아니면 네가 올라가든가 해라." 그랬습니다. 되게 그럴싸하게 얘기를 했는데 사실 여전히 실적에 신경이 쓰이는 거예요. 실적이 그렇게 나쁘지도 않았어요. 그룹에서 3위 정도니까 딱 좋은 성적인데, 하루는 광명에 있는 이발소에 가서 원형탈모증이 있다는 걸 알게 됐어요. 집에 가서 물어보니까 뒤에 엄지손가락만 한 원형탈모가 생겼대요.

뭐 때문에 원형탈모증이 왔을지 생각해 보니까 지점장실에 있는 계수판이 떠올랐어요. 예금은 얼마, 카드는 얼마, 대출이 얼마고 계약이 어떻고, 이걸 아침마다 직원이 보드에 적는데 마치 주식 같아서 추세가 계속 가다가 떨어지면 제가 불안해하더라고요. 그래서 숫자를 없앴더니 되게 편하더라고요. 어차피 지금 잘 되고 있는지 안 되고 있는지는 제가 알고 있으니까요. 없애고 나니 제가 훨씬 자유로워졌어요. 숫자에 얽매이게 되면 아무래도 자꾸 쫄게 되잖아요. 실적 올려야 하는데 싫고.

보통 살면서 공은 나한테 책임은 아랫사람에게 넘기잖아요? 그런데 저는 직장 생활하면서 승진에 대한 생각은 크게 없었던 거 같아요. 승진이 꼭 성공일까요? 제가 직원들에게 제일 많이 한 말이 집에서보다 직장에서 더 많은 시간을 보내는데 직장이 즐겁지 않으면 안 된다는 거였어요. 저도 아침에 출근해서 늦게 까지 일을 했지만, 우선 오늘 직장에 가면 재미있는 일이 있어야 한다고 봤어요. 실적은 그 다음이고요. 가끔은 농담으로 일을 게 임처럼 하라고 해요. 만약에 카드 목표가 5장이면 '5대 0부터 시 작했는데 5대 1이 됐네? 그럼 5대 2로 만들어 볼까?' 이렇게 생 각하는 거죠.

저는 딸들에게 공부하라고 한 적이 별로 없습니다. 대신 이렇 게 얘기해요. "네가 모든 과목을 다 잘할 수 없다. 못하는 과목이 있다면 그 과목을 잘하는 사람과 친하게 사귀어라. 네트워킹이 너의 힘이 될 것이다. 수학 못해? 못해도 좋아. 대신 수학 잘하는 사람. 미술 못해? 그럼 미술 잘하는 사람. 무엇이 됐든 잘하는 사 람 주위에 잘하는 친구들이 많다. 네가 잘하는 것을 주고, 네가 부족한 걸 받으면 서로 좋은 거다."

우리 직원들에게도 맨날 입행 동기 만나지 말고 다른 과 친구들을 잘 사귀라고 했어요. 그래야 한참 커피 마시다가 "우리 지점장 아주 이상한 사람이 왔는데 카드 때문에 못 살겠어." 그러면 "그래? 그럼 내가 해 줄게." 하고 도움을 받을 수 있죠. 신한은행 다닌다고 신한은행 동기만 만나면 아무것도 안 돼요.

은퇴 이후의 삶
- IBK, 'I be king'

1970년대 말 은행에 입사한 최영식 선생은 1980~1990년대 우리나라의 고도성장기와 IMF 사태를 모두 직접 경험하고, 2010년 10월 30일 직장에서 퇴사한다.

고   직장은 언제 퇴직하셨나요? 2010년?

최   공식적으로는 2010년 10월 30일에 퇴직했습니다. 은행을 퇴직하면 미소금융이나 은행에서 후선 근무를 3년 동안 하라고 제의가 오거나 다른 회사에 소개를 시켜 주기도 해요. 저는 '어차피 3년 있어 봐야 다시 또 돌아올 테니 안 하겠다, 난 지금 새로운 인생 2막이 궁금하다'고 생각했습니다. 그동안 제가 근무했던 기업은행(IBK)에 감사하지만, 나는 이제 'I be king'이라고 선언했습니다. 나는 이제 왕이 되었다는 거죠. 그전에는 내 시간은 내 시간이 아니었잖아요. 퇴직을 하고서야 처음으로 내 시간을 내가 관리하고 통제할 수 있게 된 것이죠. 시간의 주인으로서 내 마음대로 스케줄을 짜는 사람이니 왕이라고 생각했습니다. IBK로 라임을 맞췄어요. IBK, I be king.

그런데 막상 보니까 사람들이 시간의 과잉과 관계의 빈곤 속에 있는 거예요. 시간은 많은데 놀 사람이 없어서 그냥 자기 또래의 사람들, 같은 처지에 있는 사람들과 놀더라고요. 대학 동창, 입사 동기, 퇴사 동기, 초등학교 동창…. 서로 밥 한 끼 합시다, 골프 칩시다 하다가도 6개월 지나면 시들해집니다. 사회적 관계망은 급격히 소멸하니까. 사회적 관계망 속에서 떨어져 나가는 순간 급격히 사람들과 멀어진다는 것을 느꼈어요. 퇴직 후 장모님이 돌아가셨는데 옛날 현직 시절에 알고 지낸 사람들은 안 오고 새로운 친구들이 굉장히 많이 왔어요. 내 부모도 아니고, 장모님 상갓집에 온 사람들은 그나마 친한 벗들이라고 생각하니까 정리가 굉장히 빨리 되더라고요. 그래서 핸드폰에 저장된 번호 다 지웠어요. 굳이 가지고 있을 필요가 없으니까요. 바쁜 처지도 알고요.

정리하고 나니 동네에서 놀 사람이 없더라고요. 그러던 중 우리 아파트에 '주민과 작가가 함께하는 와인 강좌' 홍보물이 붙어 있는 걸 봤어요. 주민은 한두 사람 오고, 나머지는 작가였죠. 와인 소믈리에 강의 들으면서 와인 테이스팅 하다가 어떤 친구에게 명함을 받았어요. '지금 여기 ㈜보노보C 이소주'라고 쓰여 있더라고요.

고　커뮤니티에서 태어났다는 뜻인가요?

최　그렇습니다. 그날 희망제작소 사회공헌센터에서 경향신문 기자(유병선)가 강의를 했는데, '보노보로 살 것인가? 침팬지로 살 것인가?'라는 제목이었습니다. 같은 침팬지속屬이지만, 공격적이고 자기중심적인 침팬지와 달리 보노보는 동료에 대한 배려심도 있고 동성애도 하며 이타적이라는 거예요. 그 강의를 듣고 나오는데, 한 친구가 "농사 한번 지어 볼까요?" 그러더라고요. 할 일도 없는데 잘 됐다고 생각했습니다.

마침 여성환경연대가 텃밭을 분양하고 있었습니다. 텃밭을 함께할 커뮤니티가 필요하니 문래동 사는 예술가, 철공소, 주민들을 모집해 낯선 사람들끼리 관계를 맺었죠. 텃밭 농사를 통해 선주민과 이주민 간의 갈등을 해소하는 걸 목적으로 했어요. '예술과마을네트워크' 대표인 김정헌 화가도 끼고, 저도 꼈죠. 그 무렵 〈협동조합기본법〉(2012. 12. 1.)이 막 만들어지고 시행될 때여서 박승옥 선생도 모셔서 공부하고 그랬어요.

고　텃밭 가꾸기는 어떤 점이 특히 매력적이었나요?

최　텃밭에 가면 굉장히 기분이 좋았어요. 생명의 속도가 눈에 보이니까 에너지를 많이 받아요. 살아 있는 존재의 시간을 보고 있는 기분이라고나 할까요. 친구들 만나면 좋긴 좋은데 아직 닥치지 않은 불안감을 미리 당겨서 고민하게 되는 거 같았어요.

그래서 어떻게 보면 관계 리셋이 굉장히 좋은 거예요. 지금 저는 초등학생부터 어른들까지 굉장히 다양한 사람들을 만나고 있습니다. 이래야 한다고 생각해요. 요양원 같은 데 노인들만 모아 놓으면 거기서 어떤 생각이 들겠어요? 옆에 사람이 죽어 나가니 '나도 언젠간 저렇게 되겠지' 그럴 거 아니에요. 생태학 공부하시는 최재천 교수가 그런 말을 한 적이 있어요. 만약에 본인이 요양 시설을 짓는다면 신촌 로터리에다 짓겠다고. 젊은 사람들도 있고 또 일상생활 속에 있어야 건강에도 좋지 않겠어요? 관계를 다시 만들면 시간의 과잉도 해소할 수 있어요. 아까처럼 시간이 지나치게 많이 남으면 갈 데가 없으니까 '삼식이' 소리나 듣고 아내 눈치 받아 가며 살게 돼요. 그렇다고 매일 산에 가고 매일 자전거 탈 순 없잖아요.

고　상담도 많이 하신다고 들었습니다.

최　네, 금융 상담이 많았죠. 신용불량자인데 어떻게 하면 대출을 받을 수 있느냐는 질문이 많았습니다. 아무래도 이런 상담은 지극히 사적인, 내밀한 일이죠. 신뢰감이 쌓여 있지 않으면 이야기하지 못하기 때문에 막걸리를 놓고 길바닥에 주저앉아 같이 술 마시고 그랬어요. 문래동 사는 작가들과도 친해져서 전시회 구경하고, 전시회 끝나면 설거지하고 의자를 정리했어요. 나중에는 막 시키더라고. (웃음) 뭐, 시키든 말든 제 쓰임새가 있으면 좋죠.

이렇게 살다 보니 어느 날 제 자신이 문래동 사람들 속에 스며들어 있는 걸 발견했습니다. 자기 작업실 보안 키를 알려 주며

택배를 받아 달라고 하거나 작업실 불 꺼졌는지 확인해 달라는 등 소소한 요청들을 하기 시작한 겁니다. 제가 꼰대라고 생각했다면 절대 저에게 그런 부탁을 하지 않았겠죠. 저를 낮추다 보니까 그렇게 된 거예요.

나중에는 문래동 잡지에 글도 썼습니다. [그때 쓴 글이 어떤 글들이에요?] 이를 테면 영단주택營團住宅이 무엇인지에 대한 글, 문래동 박정희 흉상에 관한 글이었습니다. 2012년 무렵에는 필름 카메라를 들고 문래동 1가부터 6가까지 돌아다니며 옥상이고 골목이고 할 것 없이 사진을 찍었어요. 그러다 보니 문래동을 가장 잘 아는 사람이 되었죠.

고　　선생님 별명이 '홍반장'이신데, 그때부터 문래동 홍반장이 되신 건가요?

최　　그때까지는 홍반장이 아니었습니다. 한국내셔널트러스트, 전주시청 등에서 문래동에 관한 이야기를 해 달라는 요청이 오기 시작했던 시기였죠. 당시 저는 양재동, 서초동 쪽에서 자원봉사 활동을 하고 있었어요. 인성 교육사 자격증이 필요하다고 해서 '내 인성도 검증해 보자'는 차원에서 공부를 하고 자격증을 땄죠. 선린인터넷고등학교 학생을 상대로 인성 교육과 소통에 대해 강의를 하는가 하면, 간혹 서울시 인생이모작지원센터(현재 서울시 50+센터)에 가서 이야기 채록사 과정도 공부했습니다. 협동조합도 만들었고요.

활동 영역이 점점 넓어지게 되면서 서울시 50+인생학교 서부캠퍼스의 남경아 관장을 알게 되었습니다. 저는 햇빛시니어 13기인데, 아래 기수인 14~15기 사람들과 함께하는 프로그램을 운영하고 있었어요. 그 프로그램을 수강하고 나서 저는 사회적 경제, 자원봉사에 관한 강의를 하게 됐습니다. 자꾸 여기저기에서 그런 요청들이 오더라고요. 어떨 때는 은행 다닐 때보다 더 바쁩니다. 그래서 저 스스로 '4/3/3' 원칙을 정해서 남은 시간을 활용하고 있습니다. 4는 의미 있는 일, 3은 가족 소통 및 집안일 분담, 나머지 3은 저의 개인적인 취미 생활과 건강관리에 사용합니다. 백수가 됐지만 시간 많다고 친구들하고 술 마시고 골프 치는 데 쓰지 말자고 생각한 겁니다. 올해(2017)부터 서울환경운동연합에서 공동의장을 맡아서 그런 생각을 더 자주 합니다.

고　　나날이 다른 삶에 도전하는 것 같습니다. 연극배우로 활동하신 적도 있다고 들었는데요.

최　　네, 〈헬프HELP〉라는 연극이었어요. 지난해에 처음으로 주례사도 했는데요, 연극에 배우로 참여한 것도 전혀 생각조차 하지 못했던 일이었습니다. 아, 자원봉사모임에서 상을 하나 받기도 했는데요. 상 이름이 '당신은 참진眞상'입니다. '진상' 아닙니다. (웃음)

고　　커뮤니티 아트에 대한 이야기도 궁금합니다.

최　　공공 미술의 공공성은 예술가가 무엇을 잘 만든다고 해서 생겨나는 것은 아니라고 생각합니다. 그 지역에 사는 사람들이 즐기고 좋아할 때 공공에 기여하는 미술이 될 수 있죠. 문래동에 철공소가 많으니까 망치, 빠루(노루발못뽑이), 스패너, 의자 같은 것들을 연상하기 쉬운데, 실제로 문래동에 사시는 분들은 문래 머시닝밸리Mullae Machining Valley를 꿈꾸고 있습니다.

여기 사람들은 외부인이 오면 불편하다고 말합니다. 내가 용접하고 있는데, 누가 와서 사진 찍으면 불편하죠. 그런 행동이 과연 공공에 기여하는지에 대해 생각할 필요가 있어요. 물론 작가도 먹고 살아야 되니 어쩔 수 없이 지원을 받아 공공 미술 활동을 합니다. 이해가 되지만, 저는 문래동 사람들의 삶을 더 돋보이게 하고 도움이 되는 것이 중요하다고 봅니다. 문래동 작가들 앞에서 '이건 아니다'라고 대놓고 말한 적도 있습니다. 아까 말씀드린 보노보C 이소주 작가가 '철부지의 날, 철 장인을 찾아라'라는 부스를 차리고 행사를 열었는데, 거기에 진짜 장인은 하나도 없었습니다. 그분들은 철공소에서 일해야 하니까요. 주인공은 없고 그들만의 잔치가 되는 식이었죠.

고   선생님께서 직접 공공 미술 프로젝트를 하신 것은 무엇이었나요?

최   한창 메르스 사태가 일어났을 때, 서울시립미술관 김홍희 관장이 문래동에서 뭔가 하자고 제안하셨습니다. 제가 '벽화는 절대 안 된다'고 하니까 어쩔 수 없이 찾은 아이템이 '간판'이었습니다. 물론 저는 간판도 반대했습니다. 문래동 철공소 간판은 카페나 술집처럼 '예술적'일 필요가 전혀 없거든요. 여기 계신 분들에게 간판은 이름 크고 전화번호 있으면 됩니다. 아무튼

간판을 만드는 데 동의하신 분들에게 철공소 간판을 만들어 주는 프로젝트를 진행했습니다. 70~80명의 작가들이 참여해서 간판 70개를 만들었죠. 저는 동네 사람이기 때문에 작가와 철공소를 이어 주고, 또 진행 상황을 체크하는 일을 했습니다. 그런데 간판을 새로 만들어 붙이면 하나는 떼어 내야 하잖아요. 원래 간판에는 시간의 흐름, 때, 이런 것들이 다 묻어 있는데 그냥 버리면 너무 아깝다는 생각이 문득 들었습니다. 그래서 조그맣게 '폐간판전'을 하자고 제안했죠.

고　　아마 동네를 사랑하는 '문래동 사람'이어서 그런 기획이 가능했다는 생각이 듭니다. 선생님만의 영업 비밀은 무엇입니까?

최　　제가 처음부터 사람들에게 낮춰 다가가고 잘 어울린 건 아닙니다. '나이 들었는데 창피하면 어때?'라고 생각하려 했죠. 저는 나이 듦에 대한 수용성이 있어야 한다고 생각합니다. 모든 것을 배척하지 않고 스펀지처럼 수용할 줄 알아야 해요. 퇴직 전에 이사였든 해외 지사장이었든 뭐였든 '뭣이 중한데'요. 하지만 사람들은 자기 공간, 성城안에서 아무한테도 도움 주지 않고, 아직도 옛 직함을 끌고 와서 지금도 마치 그 조직의 갑옷을 입은 것처럼 행동해요. 수용성이 떨어지는 것이죠. 갑옷을 벗으라는 거예요. 노인이 노망날 수도 있어야지, 어떻게 맨날 올곧게만 삽니까. 그렇다고 그렇게 바르게 살지도 않은 사람들이… 도움 안 되는 갑옷을 벗고, 내가 살아 있는 동안 힘 있을 때 누군가를 위해서 '손'을 내밀라는 거예요. 같이 울어 주든 말을 들어 주든 간에….

　요즘 시니어를 만나면 일단 '돈부터' 따지는 것 같아요. 자격증 따면 이게 돈이 되느냐 안 되느냐를 먼저 따집니다. 이 자격증을 따면 서울시에서 나를 어디에 취업시켜 줄 수 있느냐에 매우 민감하게 반응해요. 생계형이 아닌 사람들도 그럽니다. 뭐라도 경제활동을 해야 한다는 것이겠죠. '자기가 원해서 좋은 일을 하면 돈은 나도 모르는 사이에 따라온다'고 이야기하지만 잘 안 먹혀요. 제가 한 일도 돈을 바라고 한 게 전혀 아니고, 제가 좋아서 한 것입니다. 인생 1막에서는 돈을 쫓으며 일했지만, 인생 2막에서 좋은 일을 하다 보면 누군가 저를 지켜 보다 좋은 인연이 될 수도 있다고 봐요. 주어진 시간을 멍 때리며 보내는 것보나 낫지요.

　제가 하고 싶은 말은 "사회 밖으로 나와라."라는 겁니다. 다양한 사람들을 만나야 내가 어떤 일에 쓰임새가 있는지 없는지 알게 됩니다. 명함 없다고 너무 쫄지 말고, 짝퉁 명함 만들어서라도 뿌리며 '나 이런 사람이다'라고 말하세요. 베이비부머 세대들 중에 100세까지 가 본 사람 아무도 없는데 창피해할 게 뭐가 있냐고 생각하는 겁니다. 모르면 모른다고 해야지 왜 꼰대처럼 다 아는 척하려고 하나요. 과연 그 모습이 진짜 나의 모습일까요?

고　　퇴직 이후 선생님께 일어난 가장 큰 변화는 무엇이라고 생각하세요? 딱 한 가지만 꼽는다면 어떤 것입니까?

최　직장 다닐 때보다 훨씬 더 즐겁다는 거죠. 제가 돈이 많지도 않은데 즐거운 이유가 있더라고요. 내가 하고 싶은 걸 하니까. 물론 인생 1막이 소중하지 않은 건 아닙니다. 어떻게든 애도 키우고 집도 사고 직장에서 승진도 했죠. 그래도 이런 생각이 들더라고요. 보통 우리가 세상에 강제 출현하잖아요. 부모님의 사랑으로 태어났다고들 하는데 사실 내 의지와 관계없이 태어난 거죠. 태어나서 대학 가고 취업하고 결혼한다는 것이 마치 컨베이어 벨트에 올라타는 것 같았어요. 결혼해서 애를 낳으면 학교도 보내야 하고 집도 사야 하죠. 그러면 '어? 내 삶이 이렇게 가는 게 맞나?'라는 생각이 들지만 내릴 수는 없어요. 계속 나를 밀고 옵니다. 그러다 정년이 딱 되면 강제로 컨베이어 벨트에서 내리게 되죠.

아까 말씀드렸지만 IBK를 퇴직하면서 시간의 주인이 됨으로써 제가 왕이 됐다고 생각했잖아요. 그런데 사실은 그게 참 철없는 생각이었단 걸 금방 알게 됐습니다. 처음에는 시간을 어떻게 때워야 하는지 몰라서 고민에 빠졌거든요. 퇴직하고 나서는 어떻게 살아야 되나 싶었어요.

그러던 중 깨달은 게 한 가지 있어요. 제 인생에는 드라마틱한 일이 하나도 없었지만 어떻게든 애들 키우고 산 것은 나 혼자만의 노력으로 이룬 것이 아니라는 사실이에요. 사회가 고도성장하면서 그 혜택을 입었으니, 이제는 그동안 비켜나 있었던 내가 사회에 뭔가 기여를 해야겠다고 생각하기 시작했죠.

고   그러려면 한 줌의 용기가 필요하지 않을까요?

최   누군가가 용기를 내서 그런 길을 가야 다른 사람들이 참조할 수 있는 레퍼런스가 될 수 있죠. 원래부터 레퍼런스가 있는 게 아니었으니까요. 누군가가 '일탈'하지 않으면 길은 만들어지지 않는다고 봅니다.

고   루쉰 선생이 《고향》이라는 소설에서 이런 말을 하잖아요. "땅 위의 길은 본래 있던 것이 아니다." 지금 우리에게 필요한 태도는 선생님 말씀처럼 기존의 길에서 벗어나는 '일탈'이고, 일탈할 줄 아는 용기가 필요한 게 아닐까 싶습니다.

최   저는 베이비부머들이 민주 시민의 길을 가야 할 필요가 있다고 봅니다. 그런데 베이비부머 세대 중 적잖은 분들이 태극기 부대에 계시더라고요. 왜 우리는 경제적 척도에 따라 가치를 부여하게 됐을까요? 항상 아파트가 몇 평인지, 자동차 배기통이 몇 CC인지, 연봉이 얼마인지를 중요하게 생각하는 것 같아요. 국민소득이 3만 달러면 뭐 합니까? 우리 세대는 먹고살기 바빠서 이렇게 살아왔는데, 지금 보니까 아무도 행복해하지 않는 것 같습니다. 저는 민주 시민으로서 살아가는 기본 원칙을 고민해야 한다고 생각합니다. 어른들이 먼저 불의에 맞서고 약자를 위하는 민주 시민 교육을 받아야 해요.

'나는 비켜서 있는 사람'이라는 최 선생의 말은 개인의 진실과 역사의 진실을 일치시키지 못한 자신의 삶에 대한 자책의 산물이라고 볼 수 있으리라. 다시 말해 생물학적으로 노년이 되었다는 이유로 대가연大家然하지 않겠으며, 앞으로 시대의 핵심적 모순을 외면하지 않겠다는 자기 다짐이 강하게 드러난 표현이라고 할 수 있는 셈이다. 최영식 선생의 다짐과 실천은 세대 간 갈등 양상이 격심해지는 이 시절에 자기 자신에 저항하고, 세상과 타협하지 않으며, 멋진 노년을 위한 삶의 양식을 구현하겠다는 의미로 해석할 수 있다. 이 의미는 간단하지 않다. 기존의 견고한 꼰대 문화를 바꾸고, 노년의 새로운 문법을 형성하는 감정 구조Structure of feeling를 이루는 바탕이 될 수 있기 때문이다. 나는 기존의 꼰대 문화를 대체하는 새로운 노년의 문법을 '꽃대'라고 부르고, 베이비부머 최영식 선생을 우리 시대의 '꽃대'라고 감히 말하려 한다.

각서 파동, 졸혼을 선언하다

최영식 선생은 은행 퇴직 이후 '5년 후 나는 어떻게 살고 있는가?'라는 질문을 품으며 살아가고 있다. 가정에서는 아내와의 '졸혼卒婚'을 생각하며 가사 분담 계약서를 작성했다. 그 후 부부 금실이 더 좋아졌다고 한다. 선생은 집에서 최소한의 분업을 실천하며, 아내와 한 해씩 번갈아가며 집안 살림 안식년을 유지하고 있다. 물론 현실은 영화

속 이벤트와는 다르며 냉정하다는 생각을 자주 하면서도 아내와의 약속을 잊지 않고 꼭 지키려 노력한다. 아내와의 관계가 좀 위험해질 때면 박영희의 〈아내의 브래지어〉 같은 시를 읽으며 관계 개선을 시도한다. 나래, 에리, 두 딸과의 관계도 여전히 돈독하다. 딸이 초등학교 5학년이었을 때 가족들과 함께 제작한 〈가족신문〉을 지금껏 보관하고 있다.

고   요즘 일본에서 '졸혼'이 유행이라고 합니다.

최   사실 제일 익숙한데 갈수록 어려운 관계가 아내와의 관계인 것 같아요. [어떤 점이 제일 어려우세요?] 제 경우는 퇴직하니까 밖에서 친구들 만나고 취미 생활하느라 귀가 시간이 늦어졌어요. 한번은 술 먹고 집에 늦게 들어갔는데 새벽 1시쯤 한 후배에게 전화가 왔어요. 오죽하면 전화를 했을까 싶어 나가서 신세타령을 들어줬는데, 그러다 보니 새벽 4시가 된 거예요. 대화를 마치고 집에 갔는데 제 방문 앞에 매직으로 뭐가 딱 적혀 있어요. 읽어 보니까 '먹고 살판났어? 당신 젊은이가 아닌데 지금 몇 시야? 12시 넘으면 문 안 열어 준다'는 경고문이었어요. [그래서 어떻게 하셨나요?] 저도 화가 나서 찌질하게 그 밑에 '그래, 먹고 살판났다. 어쩔래?'라고 써 놓았습니다. (웃음)

그런데 어느 순간 자책감이 들었습니다. 내가 새벽 1시에 나가 3시간 동안 누군가의 이야기를 들어주는 것처럼, 아내의 이야기를 한번이라도 제대로 들어준 적이 있는지 반성하게 됐습니다.

언젠가 마포구에 있는 데이케어센터에서 치매 어르신들과 용인 민속촌에 다녀오는 자원봉사를 했는데요. 대화가 전혀 통하지 않는 할머니하고 대화를 하게 됐어요. 계속 리액션을 하면서 그냥 웃고 즐거워하는 것이 전부였죠. 그런데 버스 타고 돌아가는 길에 그 할머니가 제 손을 꽉 잡으시는 거예요. 그때 '아, 나도 저렇게 치매 걸릴 수 있다. 그런데 말이 안 통하는 내 얘기를 누가 들어줄까? 아내가 들어줄까? 우리 딸이 들어줄까?'라는 생각을 했습니다. 할머니한테는 이렇게 잘 대하면서 정작 아내한테는 너무 소홀히 한 거 같더라고요.

사실 가정이 그렇게 쉽게 굴러가는 조직은 아니잖아요. 적은 인원이 살지만 가족이라는 체제는 오히려 사회보다 훨씬 더 복잡한 구조일 수 있거든요. 마음대로 정리할 수 없고요. 멀리 세계 여행을 가서 돌아다니는 게 아니라 자기 바로 옆에 있는 아내의 깊이와 잠재성을 응시할 때 더 큰 능력을 가질 수 있다고 봅니다.

그런 반성의 도움을 받아서 나의 형식과 내용을 바꾸기로 했습니다. 특히 내용이 형식을 지배해야 한다고 생각했어요. 물론 훌륭한 사람들은 둘 다 바꿀 수 있고 그게 인품으로 드러나지만, 보통 사람들은 형식만 바꿔도 훌륭하다고 봅니다. 반성하는 마음을 계속 유지해서 나중에는 '촛불 시위'에도 참여하고 그랬습니다. 좀 늦었지만요. 지금의 후회가 다 없어지지는 않겠지만, 죽을 때쯤에는 많이 줄어들어 있지 않을까 싶어요.

제 '흑역사'가 있는데요, 2010년에 아내한테 그랬어요. "삼십 몇 년 간 직장 생활했으니까 안식년이 필요하다. 10년마다 1년씩 계산해서 총 4년 동안 장밋빛 인생을 살겠다." 그랬더니 집사람이 "나는? 가사 노동자는 왜 안식년 없냐?"라면서 가사 노동 은퇴를 선언했어요. 그래서 가사 노동자도 안식년 쓰자고 합의했습니다. 이때 조건이 또 하나 있었어요. 당신이 쭉 4년, 내가 쭉 4년 안식년을 쓰면 집이 개판이 되니까 1년씩 교대로 써야 된다는 거예요. 그래서 그러기로 했습니다.

2013년이 아내의 안식년이었어요. 당시 각자도생은 아니고 각자 각방을 쓰고 있는데 A4용지 하나가 제 책상에 딱 왔어요. '나는 이제부터 안식년이라 가스레인지 위의 후드 청소, 음식물 준비, 내 방 화장실 청소만 하고 나머지는 손대지 않을 테니 알아서들 찾아서 하시오' 그러면서 'ps. 주부는 아무나 하나' 이렇게 썼더라고요. ['계약적인' 부부 관계를 보여 주는 물증이네요.] 재밌었던 것이 세탁이었는데, 아내는 빨래를 돌리기만 할 거래요. 지금까지 뒷바라지하느라고 빨래 털어서 널다 보니 손목터널 증후군이 왔대요. 이게 산재니까 돌리기만 할 테니 말 안 해도 널라는 거예요. 우리 딸도 엄마를 열심히 도우라고 1, 2, 3하고 번호를 붙여가며 자세히도 써 왔어요. 현관에 생수가 없으면 지하에 가서 사 오고, 포인트 카드는 돈으로 적립하고…. 저는 이제 퇴직해서 놀고 싶은데 밑줄까지 그어서 주더라고요. 그때는 음식, 분리수거, 베란다 화초 물 주기 등등 할 일이 정말 많았어요. 그렇지만 열심히 했는데도 전 신입생 수준이더라고요.

예를 들면 제가 화장실 청소를 하고 있으면 아내가 되게 까칠하게 굴곤 했어요. 저는 욕조든 변기든 바닥이든 화장실 솔 하나 가지고 빡빡 문지르면 되는 줄 알았거든요. 그런데 아내는 바닥에 소다를 뿌려야 한다는 둥, 변기를 욕조 솔로 닦으면 어떡하냐는 둥 지적질을 하는 거예요. 화가 나더라고요. 씩씩거리면서도 바닥에 소다를 뿌려서 막 밀고 있는데 뭘 또 시켜요. 자기 안식년이라고. '내가 손이 두 개야, 세 개야? 드라마 보는 지가 하지' 소리가 절로 나오더라고요. 그런데 이 말을 큰 목소리로 했을까요? 속으로 했을까요?

고 속으로 하셨겠죠. (웃음) 그런데 가사 노동을 하겠다고 다짐을 하셨어도 막상 실천하기는 참 어려우셨을 것 같아요.

최 베이비부머 세대는 자식들이 돌봐 주지 않는 첫 세대가 될 겁니다. 그럴 가능성이 99.9퍼센트라고 봐요. 그럼 부부 둘이서 살아야 하는데, 부부 관계가 안 좋으면 어떻게 될까요? 분명 아내의 꿈은 현모양처가 아니었을 겁니다.

제가 가장 많이 반성한 게 있어요. 고부 갈등이 생겨 아내가 정말 힘들어한다면 '나 힘드니까 위로해 달라'는 신호를 보내거든요. 그때 저는 마치 해결사처럼 얘기를 쭉 들어 보고, 여기까지는 당신이 잘했는데 이건 당신이 잘못했다는 식으로 대했어요. 사실 그 자리에서는 "어머니가 그러셨다고? 내일 내가 어머니한테 가서 따질게."라고 말해야 하는데 말이에요. 물론 어머니한테 가서는 또 반대로 말해야 하지만요.

고   나이가 들수록 유연하게 사고하는 것이 필요하다는 이야기로 들리네요. 왜 그렇습니까?

최   유연하지 않으면 부딪칩니다. 부딪친다는 건 좋은 일보다 갈등이 많다는 겁니다. 연륜은 아무래도 유연성에서 나오는 게 아닐까 싶어요. 저는 이걸 '점-선-면'의 형식이라고 부르고 싶습니다. 어차피 사람은 계속 자기와 취향이 비슷한 사람들을 '점' 찍게 마련인데, 그걸 계기로 삼아 하나의 선으로 연결되고 관계망이 형성되면 면이 된다는 생각이 듭니다.

젖은 낙엽, 움직씨 動詞의 삶을 꿈꾸다

자신을 '늘청(늘 청년) 씨'로 불러 달라는 최영식 선생은 '다 쓰고 죽어라'라는 말을 모토로 삼고 건강할 동안 소소한 1인 자립 경제를 삶에 구현하며 '오지라퍼' 인생길을 걷고 있다. 때로는 늘청 씨 대신 '늙청 씨'로 불리기도 하고 '동네 약장수'로 오인받기도 하지만, 최 선생은 별로 개의치 않는다.

고   선생님은 언제 행복하다는 생각이 드십니까?

최   제 부모님 세대에게 언제 행복했냐고 여쭤보면 결혼했을 때, 애 낳았을 때, 자식 대학 갔을 때라고 얘기하는 분들이 많습니다. 하지만 자기가 원하는 걸 할 때가 가장 행복한 거 아닐까요? 부모님 세대는 아이들을 위해 굉장히 많은 걸 희생하지만, 정작 아이들은 부모님의 희생에 대해 별로 고마워하지 않습니다. 부모가 사랑이라는 이유로 아이들을 사육하고자 하는 건 아닐까라는 생각이 들어요. 어차피 아이 인생은 아이가 사는 것이고, 내 인생은 나의 것이잖아요. 아이가 아니라 나를 위한 행복이 필요한 것 같아요.

고   선생님의 생애사를 듣다 보니 로버트 프로스트의 시 〈가지 않은 길〉이 떠오릅니다.

최   혼자 여행을 가더라도 목적지가 있잖아요. 하지만 목적지를 정하고 길을 가다가도, 좀 전에 길을 벗어나 가게 된 곳이 더 좋다면 거기서 머물면 됩니다. 남이 안 갔으니까 약간의 두려움이 있을 수 있겠지만, 저는 오히려 호기심, 설렘 같은 게 더 큽니다. 더 재밌기도 하고요.

고   그래서 덜컥 시도 쓰셨어요. 문래동 사는 젊은 벗들과 어울리다《ㄱ의 자식들》이라는 시집을 펴내셨다고요.

최   시가 제 내면에 있었던 것 같습니다. 시를 그렇게 쓰고 싶었는데 쓰지 못한 것에 대한 아쉬움이랄까 간절함이 있었어요. [요즘도 시 공부는 계속 하시나요?] 시 모임을 하고 있습니다. 7~8

명 정도 되는 회원들이 각자 추천하고 싶은 시를 카페에 올립니다. 올라온 시들을 놓고 투표를 해서 한 편을 선정하고 스무 자 이내로 댓글을 답니다. 그러고 나면 선정된 시를 추천한 사람이 추천 이유를 설명하고, 각자 자작시를 써 와서 토론회를 합니다. [꽤 많이 쓰셨겠네요.] 많이 쓴 건 아니고, 여덟 명이 같이 쓴 거죠. 그런데 제 시에는 제목에 '명사'가 없습니다. [특별한 이유가 있나요?] 특별한 이유는 없는데, 명사가 주는 단절감 같은 게 싫었어요. 너무 명징하게 규정한달까.

고　　명사로서의 삶보다는 동사로서의 삶을 살겠다는 의지를 담은 것인가요?

최　　그렇게도 읽을 수 있을 것 같네요. 사실 우리나라 베이비부머 세대는 '젖은 낙엽' 같은 신세가 아닐까 합니다. 일본에서는 베이비부머 세대를 단카이団塊 세대, 퇴직자를 누레오치바濡れ落ち葉, 다시 말해 젖은 낙엽이라고 부르더라고요. 소다이고미粗大ごみ, 즉 냉장고나 장롱 같은 대형 쓰레기라고도 부릅니다. 한마디로 말해 베이비부머 은퇴자는 아내 발바닥에 딱 붙어서 잘 안 떨어지는 젖은 낙엽이나, 돈을 줘야만 분리수거를 할 수 있는 대형 쓰레기 신세라는 거죠.

고　　좀 쓸쓸해집니다.

최　　제가 IMF 사태가 터지기 직전에 광명 지점장으로 발령이 났는데, 아내가 그랬습니다. "당신은 젖은 낙엽이 돼서 회사 바닥에 딱 붙어 빗자루로 쓸어도 쓸려 가지 말고 정년까지 버텨."

그때나 지금이나 젖은 낙엽 신세이긴 매한가지죠.

다행히 제 이름이 참 좋아요. 저희 아버님이 호모 헌드레드 시대를 예측하시고 이름을 '영식'이라고 지어 주셨거든요. 흔히 남자들이 집에서 한 끼도 안 먹으면 영식 님이라고 하고, 한 끼 먹으면 일식 씨, 두 끼 먹으면 두식이, 세 끼 다 챙겨먹으면 삼식이, 거기다가 간식까지 달라고 하면 종간나 새끼라고 그러잖아요. 저는 노후 대책이 아내라서 아직 졸혼까지는 못하고, 일식 씨에서 만족하면서 살고 있습니다.

고   이른바 노후 계획은 세우셨나요?

최   어느 날 아는 분을 만났는데 그러시더라고요. "사후 대책은 되는데 노후 대책이 문제야." 그분은 안 다니던 성당을 다닌대요. 그래서 사후 대책은 됐는데 노후 대책이 문제라는 거예요. 처음에는 동네가 낯설 수 있으니까 차라리 종교를 가지는 게 괜찮을 것 같아요. 사실 종교가 관계 맺기에 굉장히 좋아요. 성당이나 교회를 가면 다양한 사람들을 만날 수 있고 봉사활동도 하잖아요.

고   선생님의 경우에는 희망제작소에서 강좌를 수강하신 게 인생 2막의 중요한 전환점이 된 것 같습니다.

최   네, 그렇습니다. 은행에서 퇴직 교육을 받고, 퇴직한 후 동네에서 놀다가 활동을 하게 됐는데요, 그 계기가 바로 2011년 희망제작소에서 연 행복설계아카데미였습니다. 사회 공헌, 재능 기부 강좌를 수강했죠. 인생 1막을 치열하게 살아왔으니, 인생 2

막은 어떻게든 사회에 공헌하고 재능도 기부하는 삶을 살고 싶었습니다. 직장 다닐 때는 시간이 없어서 아름다운재단이나 환경운동연합 같은 단체에 후원금만 내고 직접 참여하지는 못했어요. 그래서 구체적인 계획은 없었지만 그런 삶을 살아야겠다고 꿈꿨습니다. 그때 아내가 저한테 '돈 벌어 오는 건 좋은데 돈 벌어 오느라고 스트레스를 받을 거면 그냥 제쳐라'고 하더라고요. 참 고마웠어요. 아마 지금쯤은 후회할지도 모르겠지만요. (웃음)

저는 '땡큐'였죠. 당시는 막 퇴직한 상태니까 아마 위로 차원에서 말한 것일 수도 있지만 전 진지하게 들었어요. 그리고 어떻게 살 것인가를 고민하며 희망제작소에서 명함 만드는 프로젝트에 참여했습니다. 멸종 위기 동물과 짝꿍을 맺으면, 그 돈이 멸종 위기 동물을 보호하는 데 작은 도움이 된다는 거예요. 백수가 돼서 명함도 없고 하니 일단 만들었죠.

다른 한편으로 제 인생 2막은 안단테Andante로, 다시 말해 '느리고 단순하게' 살자고 다짐했습니다. 아무리 의미 있는 삶이라도 재미없으면 절대 안 한다는 것이 제 원칙입니다. 이 원칙을 '느·단·삶'이라고 줄여서 명함에 넣었는데, 우리 아내는 '느지막이 고단한 삶'이라고 읽더라고요.

고　　세상의 모든 아내들은 참 현명해요.

최　　그 말이 오히려 저에게 더 잘 와닿았어요. 이 명함 덕을 꽤 본 거 같아요. [어떤 차원에서요?] 한국 남자들의 사회는 '명함 사회'잖아요. 누굴 만나면 명함을 줘야 하는데, 퇴직하고 나면 명함이 없죠. 명함은 나를 나타내는 유일한 수단인데 말입니다. 또 명함에 전前이라는 단어가 있으면 '저 사람은 잘리거나 퇴직했거나 실업자거나 백수'라고 읽는 게 싫었어요. 그때 만든 명함은 좋았습니다. 사람들이 궁금해 했거든요. 명함에 제 좌우명인 '모데라토 칸타빌레Moderato cantabile'도 썼는데요, 사람들이 그걸 보고 물어봅니다. 이게 출판사예요? 회사 이름이에요? 이 말은 음악 용어로 '적당한 속도로 우아하게'라는 뜻입니다. 명함 뒤에 쓴 '베스트 프렌드 프로젝트'를 보고 결혼 정보 회사냐고 묻는 분도 많았습니다.

새로운 사람 만났을 때 긴장감이 있잖아요. 보통 '저 사람은 뭐하는 사람이지? 나한테 뭘 부탁하려는 거지?' 하고 생각하게 되죠. 그런데 명함 한 장 갖고 이야기하며 웃으니 긴장이 저절로 풀어지고 서로 친한 것처럼 되더라고요. 그래서 우리 아내한테도 명함을 권했더니 "전업주부는 뭐라고 하냐?"라고 해요. 주부 9단은 좀 그러니까 가정문제연구소장 해라, 결혼 생활 삼십 몇 년 하고 애 키우고 했으면 연구소장 해도 된다고 했습니다. 사무실은 어떻게 하냐고 하기에 요즘은 재택근무가 유행이니까 이메일이랑 핸드폰 번호만 있으면 된다고 했어요. 아파트 동 대표 중에 여성 분이 많아서 그분들한테도 명함 만들어 드렸더니 되게 좋아하세요. '누구 엄마'에서 벗어나게 되니까요.

고   지금 선생님께서 말씀하신 내용이 미국에서 앙코르닷오르그(Encore.org, 중장년에 대한 편견을 깨고 그들의 노하우를 사회에 환원하는 일을 지원하기 위해 만든 비영리 단체)를 설립한 분이 얘기하는 핵심과 맞닿는 것 같습니다. 마크 프리드먼이라는 분인데요, 그분은 나이가 들수록 '슬래시 커리어Slash career'가 있어야 한다고 강조합니다. 명함에 빗금(/)이 많이 들어가야 한다는 겁니다. 예를 들어 저는 문학평론가고요, 경희대 강사이기도 하고요, 잡지 편집위원이기도 합니다. 이런 식으로 명함에 빗금이 더 많아지는 게 중요하다는 얘기를 합니다. 그런 차원에서 봤을 때 인생 2막에서는 명함이 갖는 의미가 남다른 것 같습니다.

최 　요즘에는 가치 명함 만들기를 한다고 합니다. 명함에 어떤 직함을 꼭 넣는 게 아니라 자기가 하고 싶은 것, 자신이 가치 있게 여기는 것을 담는 게 필요한 거 같습니다. 예를 들어 '내년에 산티아고 갈 사람'이라고 적은 다음, 명함 뒤에는 산티아고 지도 그려 넣고 그 위에 여행 갈 곳을 표시해 놓는 식으로요. 우리가 금연할 때 주변에 막 소문내듯이 말이죠. 자기가 하고 싶은 걸 하는 데 도움이 됩니다. 다음에 만나면 산티아고 갔다 왔냐고 물어볼 테니. 주변 사람 창피해서라도 어떻게든 가려고 노력을 하겠지요. 명함이 이래서 좋다고 생각합니다.

고 　선생님의 슬래시 커리어 중에는 서울환경운동연합 공동의장이라는 직함이 있는데요, 환경운동연합과는 어떻게 연이 되신 겁니까?

최 　공해추방연합 시절에 회원 가입을 해서 1992년부터 인연을 맺고 환경 교육을 받았습니다. 당시 직장에 다니고 있었는데,

처음부터 평생회원으로 가입했습니다. 일시불로 50만 원 정도를 내야 했죠.

고 　당시 50만 원이면 굉장히 큰돈이네요. 대학 등록금 절반 이상은 됐을 법한데요.

최 　대신 평생회원이니까 소식지도 계속 받고, 가끔 행사도 갔죠. 그러다가 퇴직 후 문래동에서 텃밭 시농제始農祭할 때 서울환경운동연합 의장님이 오셨습니다. 저는 잘 모르는 분이었는데 그분이 저에게 '선생님은 서울환경운동연합 평생회원이고, 또 이제 퇴직하셨으니까 계속 활동해 달라'며 난지도 골프장 건설을 반대하는 '노을공원시민모임'에 발기인으로 참여해 달라고 하셨어요. 일단 들어갔습니다. 골프장이 아니라 시민들이 노는 공원으로 만들자는 취지에 십분 공감했죠. 그렇게 100인 발기인에 들어가서 활동하다 보니 이런저런 인연으로 대의원을 하고, 집행위원을 맡고, 인사윤리위원도 하고 그랬죠.

고 　그 인연이 이어져 김정헌 선생이나 백현주·안태호 씨 같은 젊은 분들을 만나게 된 것인가요?

최 　그렇죠. 아까 말씀드렸듯이 처음에는 작가들하고 와인 강좌를 듣다가 텃밭을 같이 하게 됐어요. 이 텃밭 농사가 곧 관계 맺기였습니다. 남의 철공소 옥상에 텃밭을 일구고 예술가, 철공소에서 일하시는 분, 저 같은 주민 등등이 같이 어울려서 커뮤니티를 하면 서로를 이해할 수 있지 않을까 싶었죠. 2011년부터 시작했는데 나중에는 양봉도 하고 지렁이도 키우고 농부 학교도 운영했어요. 지금도 거기서 삼겹살 파티를 합니다.

텃밭 일을 열심히 하니까 제가 도시 농업 전문가인 줄 알고 도시 농업 박람회 때 저를 초청하기도 했는데요, 제가 그랬어요. "우리는 도시 농업을 하는 게 아닙니다. 도시 커뮤니티를 만들고 있는 겁니다." 처음에 제가 문래동을 돌아다닐 때는 작가나 철공소 분들이 '저 사람은 홍반장처럼 어디에서든 보이는데 도대체 뭐 하는 사람이지?' 싶었대요. 어느 날은 공장 바닥에서 막걸리를 마시고 있으니까 공장 사장인가 보다 하고 사장님이라 부르고, 또 어느 날은 작가들과 놀고 있으니까 작가님이라고 부르고…. 작가님, 사장님, 아저씨, 선생님, 영식이 형, 오라버니 등등 여러 가지가 있는데 그냥 자기들이 부르고 싶은 대로 부르는 거예요.

한번은 문래동 사는 어느 작가가 저보고 '어르신'이라고 부르는 겁니다. "야. 나 어르신 아니야." 하니까, "뭐라고 불러드릴까요?" 그러는 겁니다. 그래서 저는 늘 청년이고 싶으니까 '늘청 씨'로 불러 달라고 했어요. 다음부터 그 친구는 "늘청 씨, 어디 가요?" 하며 저랑 하이파이브하고 그랬어요. 그런데 크리스마스 카드에 누군가가 '늙청 씨'라고 써서 보냈어요. '늘'이 아니고 '늙'. (웃음)

여하튼 오만가지 이름이 생기게 된 계기가 있습니다. 서울문화재단에서 서교예술실험센터와 문래예술공장을, 매니저가 운영하는 행정조직에서 운영위원회 체제로 바꾸려고 한 적이 있는데요. 그때 제가 문래동 주민으로서 TF팀 운영위원으로 참여해서 이원재, 박찬국, 최금수 같은 예술가들과 함께 일했습니다. '경쟁을 없애자, 웬만하면 다 주자'는 원칙을 세우고 소액다건少額多件 지원을 했어요. 그러다 보니까 예술가들하고 만나는 기회가 점점 더 많아졌고 그들과 친해졌습니다. 한편 '58번지'라고 불리는 문래동 인포메이션 부스에 한 달에 한 번씩 산행하는 골목 산악회가 있는 걸 알게 됐습니다. 그래서 산악회 분들과 작가들이 함께 산행하는 모임을 가졌어요. 모임을 통해 예술가들과 철공소 사람들이 자연스럽게 얼굴을 익히게 됐죠. "아, 저 사람이 작가야?" "공장 사장이야?" 하면서요.

사실 관계 맺기는 어떻게 보면 별 게 아닙니다. 저는 공장 사장님들하고 같이 술 마시게 되면 치우는 것까지 같이 해요. 작가들이 오프닝 파티를 하면 설거지까지 다 해요. 지나가다가 누가 페인트를 칠하고 있으면 같이 칠해요. 그래서 이제 신뢰가 쌓인 것 같아요. 요즘은 우리 작가들한테 전화가 와요. "선생님, 제 작업실 불을 안 끈 거 같아요." "택배가 오니까 받아서 책상 밑에 넣어 주세요." 저를 믿고 여러 가지 부탁을 하는 거예요.

오해를 받았던 적도 있긴 해요. 한 동네 있는 '태양슈퍼' 할머니는 제가 뭐 하는 사람인지 잘 모르십니다. 그런데 자주 보니까 어느 날 커피 한 잔 마시고 가래요. "왜요?" 그랬더니 마을 장터에서 열리는 공연의 사회를 맡아서 진행하는 걸 보셨대요. 그런데 이 할머니가 제가 '동네 약장수'라고 생각하고 계시더라고요.

(웃음) 그래서 "아, 할머니, 그게 아니고요. 마을 장터에 사람들 끌어모으려고 한 겁니다." 그랬더니 막 웃으시더라고요. 내심 이 사람이 사기꾼은 아닌지 걱정하셨나 봅니다.

고   동네 약장수, 괜찮은데요?

최   하하하. 요즘은 사단법인 한국자원봉사문화에서 베이비부머에 대해 연구하는 분들하고 활동하고 있습니다. 볼런티어21이라는 단체의 정책위원이기도 하고요. 서울시복지재단에서 일하고 계신 송인주 박사와 베이비부머의 의식에 관한 연구 작업에도 참여하고 있습니다.

또 박사님 추천으로 생전 처음 해 보는 '사람책(휴먼라이브러리)' 프로젝트에서 자원봉사를 했습니다. 어느 날인가는 자원봉사자들을 대상으로 하는 나눔 여행도 했어요. 창덕궁에서 문래동까지 자원봉사자들과 함께하는 여행이에요. '자원봉사자를 위한 자원봉사'를 한 것이죠. 여하튼 여기저기서 자꾸 이것저것 같이 하자고 제안해서, 이제는 속된 말로 제 '나와바리'가 점점 더 넓어지고 있는 것 같습니다. 마치 다단계처럼요.

고   이제는 문래동 홍반장을 넘어 마당발이 된 셈이네요. 그런데 선생님은 은행에서 오래 근무하셨는데도 부동산이나 재테크 쪽에 관심이 적은 것 같습니다.

최   요즘 보험회사에서 100세 마케팅을 많이 합니다. 100세까지 살려면 자산이 얼마 있어야 한다고 해요. 막 주눅 듭니다. 난 저만큼 없는데, 어쩌지⋯. 우리 부모님 세대는 부동산이든 예금이든 거기서 나오는 임대료나 이자만 받고 그걸 자식에게 물려주는 걸 당연하게 생각하잖아요? 하지만 지금 우리 세대는 부모님 세대보다 기대 수명이 30년이나 더 늘어났어요. 그래서 쓸 때까지 쓰다가 남으면 자식이 가져가는 거고, 없으면 말자는 생각을 합니다. 제가 IMF 사태를 겪고 나서 딸한테 《다 쓰고 죽어라》라는 책을 주며 한번 읽어 보라고 했습니다. 그랬더니 딸이 "아빠, 나는 어쩌라고?" 그러길래 네 인생은 네 인생이라고 했어요.

베이비부머 세대는 열심히 일했지만 쓰는 것에 익숙하지 않은 세대입니다. 저 또한 좋은 음식, 좋은 차림, 좋은 문화를 즐기는 데 그렇게 많은 돈이 필요하지는 않다고 생각해요. 퇴직금 받았고, 아파트 한 채 있고, 아내 명의로 된 차 한 대, 내 명의로 된 차 한 대 있으면 된 거죠. 딸들은 자기가 알아서 시집갈 테니 이정도면 재테크 잘한 거 아닐까요? 어쨌든 내가 건강할 동안에는 '1인 자립 경제'를 할 수 있다고 생각하니까 그렇게 악착같이 재테크를 하진 않은 것 같아요. 은행이나 보험회사가 나쁜 게 뭐냐면, 자기들도 살아 보지 않았으면서 100세까지 살려면 현금 자산이 얼마 있어야 한다고 말하는 거예요.

고　　　일종의 공포 마케팅이죠.

최　　　맞아요, 공포 마케팅. 어떤 강의를 들었는데, 우리나라의 40대는 성공이나 욕망의 평준화, 50대는 지식의 평준화, 60대는 외모의 평준화, 70대는 성性의 평준화가 있다고 그럽니다. 80대는 부의 평준화겠죠. 80대면 부자나 가난한 사람이나 돈을 써 봐야 어디 가서 얼마나 쓰겠어요? 90대는 생과 사의 평준화, 살아 있으나 죽어 있으나 똑같고요. 그러다 100세 되면 자연으로 돌아간다는 거죠.

고   노인에 대한 복지 정책은 어떤 거 같아요?

최   제 호적이 좀 늦어서 내일모레 65세가 되는데, 지하철을 공짜로 탈 수 있게 됩니다. 그런데 과연 이 정책이 지금 시대에 맞는 것인가 하는 생각이 듭니다. 저는 '생계형이라면 당연히 받아야겠지만, 내가 괜찮으면 나는 돈 내고 지하철 타겠다'는 입장입니다. 최근 분당선이 적자라고 하는데, 이런 정책이 권리인지 배려인지 생각해 볼 필요가 있습니다. 지하철 노약자석은 노인에 대한 배려인데, 마치 천부적으로 받은 권리인 양 젊은 사람들을 혼내는 노인들을 볼 때면 한없이 부끄러워집니다.

꼰대의 삶을
거부하다

베이비부머의 노후 대책은 어떠해야 하는가. '각자도생' 외에는 다른 길을 찾을 수 없는 사회는 결코 좋은 사회라고 말할 수 없다. 최근 부모의 노후 생계는 가족들만의 책임에서 사회 공동의 책임으로 급변하고 있다. 고령화 사회는 우리 생각보다 훨씬 급박하게 시시각각 다가 오고 있는 것이다.

최영식 선생이 이른바 사회적 성공에 기대지 않고 다른 길 위에서 자기 앞의 인생을 찾고 있다는 점에서, 그의 이야기는 새겨들을 만하다. 그는 인터뷰에서 "사회적 성공이란 중년 남성의 육신과 정신이 황폐해진 대가로 획득한 전리품에 가깝다. 늦은 밤 아내 옆에서 풍기는 이 혐오스러운 술 냄새, 담배 냄새, 생리 현상을 비롯한 코골이의 실체는 그가 참전한 전쟁터에서 묻혀 온 화약과 총상의 냄새요, 그 상처를 응급처치하기 위해 들이켠 소독용 알코올의 냄새인 것이다."라고 말했다. 이 말은 은퇴 이후 사회적 성공이라는 헛된 망상을 좇는 일이 얼마나 부질없는지, 더 나아가 사람은 무엇으로 사는지 생각하게 한다.

최근 복지 수준을 파악하기 어려운 GDP(국내총생산) 대신에 국민이 얼마나 행복한지를 나타내는 GNH(국민행복지수)가 주목을 받고 있다. UN에서 조사한 바에 따르면 우리나라의 경우 커뮤니티 부문이 다른 어느 항목보다 가장 낮다. 이 사실은 '행복은 타인에게서 오는 것'임을 보여 주고 있다. 결국 중요한 것은 관계가 아닐까.

고　선생님의 하루 일상은 어떠세요?

최　저는 공동주택에 사는데, 요즘 아내가 층간 소음 때문에 골머리를 앓고 있어요. 바로 위층에 70대 어르신이 사시는데 이분이 요즘 게이트볼에 맛들이신 거 같아요. 게이트볼 공이 좀 크잖아요? 게다가 70대니까 일찍 일어나세요. 아내는 늦게 자고 늦게 일어나는 편인데, 아침부터 위층에서 게이트볼 굴리는 소리가 나서 골이 나 있어요. 제가 바쁘다 보니 정말 애절하게 편지를 써서 우편함에 넣었습니다. '한국의 건축물이 참 문제다. 층간 소음도 제대로 못 잡고… 저는 괜찮은데 아내가 예민해서 너무 불편해 하니까 제가 불편하다, 좀 봐 주시라…' 이렇게 절절히 사연을 쓰고 핸드폰 번호까지 적은 다음 '소주 한 잔 하시죠'라고 썼습니다.

고　　그 뒤가 궁금해지는데요?

최　　전화는 안 왔고, 엘리베이터에서 만나게 됐어요. 게이트볼 연습을 하긴 하는데 담요인가 이불을 깔아 놓고 하신대요. 그분과 얘기하고 나서 관리사무소를 찾아가 아파트 표준 규약에 피아노, 바이올린 다음으로 게이트볼을 집어넣었습니다. 저는 이렇게 해결을 했는데, 사실 시집간 딸이 저보다 현명해서 간단히 정리하더라고요. "엄마, 이사 갈까?" "아니." "그러면 가서 머리끄덩이 잡고 죽어라 싸울까?" "아니." "그럼, 귀마개하고 엄마가 견뎌."

고　　혹시 사모님과 같이 하는 취미 활동이 있으신가요?

최　　저는 부부 둘이 공동의 취미를 가지라고 권하고 싶지 않아요. 나는 사진을 좋아하고 아내는 에어로빅을 좋아한다면, 서로 적극 지원해 주면 돼요. 공동의 취미가 있으면 좋죠. 그런데 사실 그게 잘 안 되더라고요. 자기가 원하는 것이 각자 다르거든요. 서로 다름을 인정하는 게 훨씬 좋은 거 같아요.

　　관계에서 가장 중요한 게 아내와의 관계인 것 같습니다. 우리는 열심히 살다가 퇴직 후 '경제 난민'이 되어 집으로 옵니다. 그런데 돌아왔을 때 가족만 있고 정작 나는 없을지도 몰라요. 그들을 기다리는 사람, 그러니까 아내는 이렇게 생각할 수 있죠. '그가 돌아온다. 젊어 한때 그토록 내 곁에 있어 달라 해도 그저 바깥으로 돌던 사람, 남편이 집으로 들어온다. 젊다고 하기에는 좀 늙었고, 늙었다고 하기엔 좀 어정쩡한 나이에…' "여보, 나 돌아왔어." 하고 다정히 부르는 소리에 아내 가슴은 철렁, 얼굴은 흙빛으로 변하는 그런 상황 아닐까요? [앞서 말씀하신 젖은 낙엽의 한국 버전 같습니다.]

저 같은 베이비부머 세대는 아직 경로당 갈 처지도 아니잖아요? 우리 세대의 취미라 하면 대부분 등산, 낚시, 술이죠. 요즘은 당구를 많이 치더라고요. 당구가 돈이 적게 들고 재미있으니까. 합리적인 선택인 것은 맞는데, 생산적이진 않습니다. 이제 집 근처엔 놀 사람이 없고 주로 집에서 놀아야 되는데, 아내와의 관계가 나빠지면 "당신이 회사에서 부장이지 집에서도 부장이야?" 이런 소리를 듣게 됩니다. 게다가 집에 제 공간이 제대로 있나요? 거실은 채널 선택권을 가진 사람의 공간이잖아요. 아내가 드라마 보시는데, 함부로 채널을 돌릴 수도 없고 참 막막해집니다. 그래서 저는 퇴직 후 아내와의 관계를 재설정해야 할 때 '투쟁할 것인가, 굴종할 것인가?'를 잠시 고민했죠. 그런데 저는 '굴종'이 훨씬 좋더라고요.

고　　　한용운 선사가 이야기한 〈복종〉의 의미인가요? (웃음)

최　저는 그냥 이렇게 살기로 했어요. 대신 시간 관리가 중요합니다. 자유로우면서도 사회 참여가 가능한 일, 자원봉사, 가사 분담, 취미 활동을 하자. 그리고 약간의 수입이 있으면 좋겠다. 이게 제 속내였습니다. 그러려고 지금도 노력하고 있고요.

고　중요한 말씀을 해 주신 것 같아요. 시간의 과잉을 없애려면 가장 먼저 관계 맺기부터 새로 해야겠습니다. 사실 베이비부머 세대들이 공통적으로 하는 고민이죠.

최　사실 인간人間이라는 말은 '사람과 사람 사이'라는 뜻이잖아요? 또 한자 모양을 보면 사람들이 서로 기대고 있죠. 태어나면 부모와 관계가 생기고 형제, 가족이 생기고, 그 다음에 학교에 가면 학교 친구들이 생기고, 사회 활동을 하면 더 많은 관계들이 생깁니다. 그런데 백수가 되면 거꾸로 관계가 쭉쭉 없어지다가 고독사나 우연사로 가게 돼요. 그래서 새로운 관계를 만들어야겠다고 생각했습니다. 제가 지금 만나는 사람들 가운데 90퍼센트는 퇴직할 때까지 본 적 없는 사람들이에요.

고　사람을 만나실 때 선생님만의 어떤 원칙이 있나요?

최　저는 '꽃대'로 살기 위해 '꼰대 육하원칙'을 세웠습니다. 시니어들이 관계를 망치는 원인들이 있어요. 문제는 그걸 본인이 잘 모른다는 겁니다. 자꾸만 가르치려 들죠. 너무 익숙해서 그렇습니다. 영화 〈인턴〉을 보면 로버트 드 니로가 자기보다 한참 어린 여사장님한테 가르치려 들지 않아요.

고　요즘 강의는 어떤 걸 많이 하세요?

최　이것저것 합니다. 전주시에서 요청한 강의가 생각나네요. 전주시청 뒤에 선민촌이라는 집창촌이 있는데, 어떻게 하면 문래창작촌 같은 공간으로 만들 수 있는지 얘기해 달라는 거였어요. 그래서 미아리 등을 연구했죠. '맞춤형'으로 해야 하잖아요. 저는 그렇게 합니다. 누군가가 나를 필요로 한다면 얼마나 기쁜 일입니까. 그래서 일단 '오케이'한 다음에 고민해서 준비합니다. 그러다 보니 노하우가 점점 쌓였어요. 이제는 어떤 주제를 요청해도 받아들일 수 있는 '범퍼'가 많이 생겼다고 할까요? 어느 정도 돈벌이도 되고요.

메르스 사건이 있었을 즈음에 서울시립미술관에서 예산을 2억 정도 들여 문래동 철공소 간판 80개를 무료로 교체해 주고, 작가들한테는 임대료 주고 인건비 주고 그랬는데요, 당시 제가 지역협력위원으로 봉사활동 중이어서 70만 원 정도가 사회 공헌 명목으로 통장에 입금됐어요. 제가 의도치 않게 '1인 경제'를 구현하고 있는 셈이지요.

고　1인 경제라면 '자급의 삶'이 가능하다는 말씀이신데요.

최　러시아 작가 톨스토이가 쓴 《사람에게 땅이 얼마나 필요한가》를 보면 하루 종일 걸어갔다가 다시 돌아온 만큼 네 땅이라는 말을 듣고 죽어라고 가는 사람이 나오잖아요? 이 사람은 해가 뉘엿뉘엿 넘어갈 때 돌아오는데, 도착하자마자 픽 쓰러져 죽습니다. 결국 자기한테 필요한 땅은 내가 죽을 땅, 이것 외에는 필요치 않은 거예요. 그런데 지금까지 우리가 살아오면서 받아온 교육은 수직적입니다. 생애 주기로 보면 태어나서 교육 받고 직장에 다니며 가정을 이루고 퇴직하면 여유 있게 살자는 식으로 돼 있죠. 하지만 이제는 100세까지 살기 때문에 이런 식의 사고방식을 눕혀서 수평적으로 살아야 한다고 봅니다.

그러려면 돈 중심적 사고를 바꿔야 돼요. 저는 한나 아렌트가 《인간의 조건》에서 한 말에 굉장히 공감합니다. 생계를 위해 열심히 노동해서 돈을 벌고, 내가 원하는 작업을 해서 예술 작품을 남기고, 나아가 활동적 삶Vita activa을 살아야 합니다. 액션, 의사소통, 공동체, 이 세 가지가 조화를 이루어야 바람직한 삶이 될 수 있죠. 다시 말해 '조각보' 같은 사고방식이 필요합니다. 조각보는 하나의 색깔이 아니잖아요? 각자 있는 색깔들을 다 엮어 멋있는 작품이 되는 거잖아요. 인생 2막을 사는 일은 혼자서 하기 힘듭니다. 커뮤니티 등을 통해 조각보처럼 이어져서 서로를 받쳐 주어야 합니다.

제가 하는 활동 중에 단기 치매 할머니들께 봉사하는 게 있는데, 아내가 그래요. "밖에서 하는 것처럼 집에서도 하지." 그 말을 듣는 순간 '아. 그러네?'라는 생각이 들었어요. 물론 집에서부터 가족들한테 잘 하고 밖에서 자원봉사까지 하면 좋죠. 그런데 거꾸로 해도 선순환이 될 수 있겠다는 느낌이 들었어요. 밖에서도 하는데 우리 가족한테 못 할 게 뭐 있겠어요. 어떻게 보면 더 절실한 마음으로 할 수 있죠. 이런 효과가 있더라고요.

송호근 교수가 '선배 시민의 자격'으로 제시한 것들이 있어요. 1번이 '하루에 10분 이상 공적인 문제에 대해서 고민하는가?'예요. 요새 생리대, 계란 파동, 사드, 학교 폭력… 사회적으로 논란이 된 문제 많잖아요. 저랑 같이 희망제작소에서 활동하던 친구들 중에 직장 그만두고 사진을 취미로 하다가 장애인 사진관을 만든 친구가 있어요. 장애인은 끊임없이 움직이기 때문에 사진 찍기가 엄청 힘들거든요. 또 사진관이 찾아오기 편한 곳에 있어야 하고요. 그 친구는 자기 취미도 살리면서 사회에 공헌도 하고 있어요. 사진을 취미로 하다가 영정사진을 찍어 주는 경우도 있죠.

또 다른 자격에는 '사회 문제와 관련해서 책을 읽어 본 적이 있는가?' '시민 단체나 마을 단체에서 활동한 적이 있는가?' '월 5만 원 이상 기부하는가?' 등이 있어요. 민주 시민으로서 살아가는 데 필요한 활동들이죠. 그런데 민주 시민 교육이 제대로 이루어지지 않고 있습니다. 어떤 지역에 특수학교를 만든다고 하니 그곳 주민들이 집값 떨어진다고 반대하고 그랬잖아요. 경제가 급격하게 성장하고 민주화를 압축적으로 겪다 보니, 경쟁과 소유에만 몰두하지 불의에 맞서고 약자를 배려하는 민주 시민이 되지는 못한 것 같아요. 혜택을 많이 받아 온 베이비부머 세대들이 이제는 민주 시민으로 살며 젊은 친구들에게 본보기가 되어야 한다고 생각합니다.

지금은 모두가 행복해하지 않잖아요. 대부분이 조선시대 왕보다 잘 먹고 사는데 헬조선이니 N포 세대라는 말이 나오고, 소득과 교육 지수는 상위에 있는데 삶의 질을 측정하는 지수가 다 하위에 있어요. 이런 상황에도 청년이 아프다고 하면 노년이 더 아프다고 하면서 세대 갈등이 일어나요. 사실 따지고 보면 청년과 노년이 따로 있는 게 아니잖아요. 노인과 청년은 같은 시대를 살고 있어요. 지금 헬조선을 부르짖는 게 우리 딸 세대거든요. 남의 얘기가 아니에요. 이렇게 모두가 행복하지 않기 때문에, 신노년은 과연 이렇게 사는 것이 옳은 것인지, 경쟁과 돈 중심의 사고방식이 우리한테 준 게 무엇인지 한번 생각해 봐야 하지 않을까 싶습니다.

고　　　멋진 말씀이십니다. 신노년의 뉴-라이프스타일인 셈입니다. 청년들에게도 한 말씀 부탁드립니다.

최　　　지금 우리 사회가 청년들에게 무엇을 해 줄 수 있을까요? 구포 세대, N포 세대, 헬조선… 이런 말들이 유행하는 사회가 건강한 사회일까요? 예진에 50+인생학교 서부캠퍼스 설명회에서 본 어느 청년이 기억납니다. 그 친구가 그랬습니다. "시니어들이 청년들에게 사람이 살 만한 세상이라는 것을 어떤 모델로 보여 주십시오." 저는 그 말을 듣고 마음이 너무 아팠습니다. 왜? 노인들 중에서 그런 모델이 될 만한 사람이 많지 않으니까요. 그렇다면 시니어들은 왜 그런 모델을 보여 주지 못한 건지 생각해야 합니다. 저는 돈 중심, 자본 중심, 경쟁 중심, 1등주의 같은 것들 때문이라고 생각합니다.

고　　　선생님 스스로를 자책하는 '뼈아픈 후회'의 말로도 들립니다.

최　네, 맞습니다. 세상엔 돈으로 살 수 없는 가치들이 있습니다. 누가 행복 1억 원어치 주나요? 건강 1억 원어치 줍니까? 우정 1억 원어치 주나요? 정말 중요하고 소중한 가치는 돈으로 살 수 없죠. 그런 가치를 우리 같은 어른들이 짓밟은 거 아닌가 싶습니다. 이제는 복원해야 한다고 봅니다. 세상은 따뜻하고 살 만하다는 생각을 할 수 있도록 가치를 전환하고 새로운 모델을 만들어 내려는 노력이 필요합니다. 저는 제 생각이 살아 있고 제가 이웃을 위해 무엇을 하고 있다는 데서 오는 '설렘' 같은 게 있을 때 살아 있음을 느낍니다. 바로 이런 게 젊음 아닐까요? 설렘이 없다면 그게 곧 '죽음'이라고 봅니다. 하고자 하는 모든 일에 꽃이 피는 인생 2막은 누구에게나 와야 합니다.

최 선생이 은퇴 이후 보여 주는 '꽃대'의 삶은 생산자로서의 노년을 의미하는 생성Generativity하는 삶이라고 할 수 있고, 최근 주목받는 창의적 나이 듦Creative aging에 부합하는 삶이라고도 할 수 있다. 무엇을 먹고, 입고, 발라야 젊어 보이는지 고민하는 삶이 아니라, 자기 앞의 인생을 어떻게 살아야 할지 생각하며 사는 삶이기 때문이다. 그저 압축된 죽음, 노화 지연, 노화 중지처럼 노화에 맞서는 안티 에이징Anti-aging의 길을 따르고, 웰니스 신드롬The wellness syndrome의 노선을 맹목적으로 추종하는 것이 마치 노년의 전부인 양 간주되는 사회를 좋은 사회라고 말할 수 있는가.

선생은 시간 속에 새로운 의미를 부여하는 법을 배우고 터득하는 것이야말로 인생 2막에서 가장 중요한 일이라고 역설한다. 그러려면 지금 내 곁에 있는 사람들 손을 잡고, 뭐라도 할 수 있는 용기를 가져야 한다. 그가 제시한 관계의 재구성, 삶의 재구성, 사회의 재구성이라는 키워드는 50＋이후의 삶을 재구성하려는 사람들에게 하나의 모델이 되리라 믿어 의심치 않는다. 혼자 가기 두려운 길이라면 같이 손잡고 함께 걸어가면 된다. 정치철학자 한나 아렌트의 말을 빌리자면 '노동' 중심의 삶이 아니라 '활동적 삶'이 중요하다는 점을 새삼스레 깨닫는다.

베이비부머 최영식 선생과의 긴 대담을 마치며, 문득 내 뇌리 속에 시 한 편이 떠오른다. 도종환의 시 〈귀가〉라는 작품이다. 시 속의 쓸쓸한 귀가 풍경은 베이비부머 세대의 삶과 얼마나 거리가 먼 것일까. 그런 삶을 거부하며 오늘도, 내일도 날마다 새로운 발걸음을 내딛는 최 선생의 발자취[履歷]에 서광 있기를.

언제부터인가 우리가 만나는 사람들은 지쳐 있었다
모두들 인사말처럼 바쁘다고 하였고
헤어지기 위한 악수를 더 많이 하며
총총히 돌아서 갔다
그들은 모두 낯선 거리를 지치도록 헤매거나
볕 안 드는 사무실에서
어두워질 때까지 일을 하였다

부는 바람 소리와 기다리는

사랑하는 이의 목소리가 잘 들리지 않고

지는 노을과 사람의 얼굴이

제대로 보이지 않게 되었다

밤이 깊어서야 어두운 골목길을 혼자 돌아와

돌아오기가 무섭게 지쳐 쓰러지곤 하였다

모두들 인간답게 살기 위해서라 생각하고 있었다

우리 몸에서 조금씩 사람의 냄새가

사라져가는 것을 알면서도

인간답게 살 수 있는 터전과

인간답게 살 수 있는 시간을

벌기 위해서라 믿고 있었다

그러나 오늘 쓰지 못한 편지는

끝내 쓰지 못하고 말리라

오늘 하지 않고 생각 속으로 미루어둔

따뜻한 말 한마디는

결국 생각과 함께 잊혀지고

내일도 우리는 어두운 골목길을

지친 걸음으로 혼자 돌아올 것이다

여자의
경험을
말한다는 것

2

나는 1남 4녀 중 넷째다. 큰언니와 오빠, 둘째 언니는 이른바 베이비
부머 세대라고 할 수 있다. 형제자매들과 나는 물과 기름처럼 매우 다
른 사람들 같다. 어려서부터 둘째 언니는 나를 바라보며, "같은 엄마
배 속에서 태어났는데, 너랑 나만 하더라도 어쩜 이렇게 다를 수가 있
니?"라며 신기해하곤 했던 기억이 있다. 언니들과 오빠는 생활력이
매우 강할 뿐만 아니라 부모 부양과 자식에 대한 책임감이 남다르다.
유교 가부장제에 기반을 둔 효 실천의 근본정신은 남성(아버지, 아들)
중심의 세대 간 종적 질서를 유지하려는 보수주의를 바탕으로 하고
있다. 이 생각에 대한 반발심이 나로 하여금 여성학을 공부하게 만들
었고, 여성주의와 나의 만남은 형제들 간 가치관의 차이를 더욱 벌려
놓았던 것 같다.

　나의 가족사와 관련된 개인적 경험은 안양 지역사회 자원봉사의
달인이라는 김춘화 선생과 맞닿게 되었다. 선생의 연세는 내 큰언니

와 비슷한 연배인 1960년생. 사실 내가 장녀로서의 남다른 책임감을 갖고 있는 큰언니와 속을 터놓고 대화한다는 것은 레테의 강을 건너는 것만큼이나 어렵게 느껴지는 상황이다. 솔직히 말하면 8월의 어느 더운 여름 날, 퇴근 후 안양으로 김춘화 선생을 만나러 가는 발걸음이 그렇게 가볍지만은 않았다. 그렇지만 약속 장소를 정하기 위해 전화를 드렸을 때, 전화기를 타고 들어온 김춘화 선생의 음성과 통화 내용은 대략 이분이 어떠한 분인지 짐작할 수 있게 했다.

나는 오감 중에서 시각과 후각, 미각 등은 형편없는데 청각은 유난히 발달했다. 청음 능력과 함께 인생의 연륜이 쌓이자 누군가의 목소리와 함께 발화되는 내용을 듣고 있노라면 짧은 시간이라도 그 사람의 많은 부분을 직관적으로 알 수 있게 됐다. 내게 있어서 음성은 그 사람의 인격이다. 김춘화 선생은 약속 장소를 정할 때 나를 배려해 찾기 쉽고 가볍게 식사까지 할 수 있는 음식점으로 정하셨다. 통화를 하고 난 다음에는 편안함이 느껴졌다. 첫 만남이지만 지나치게 긴장하지 않아도 될 것 같은 느낌을 갖게 되었다. 김춘화 선생과의 두 번째 만남은 내가 근무하고 있는 국회 앞 식당에서 이루어졌다. 선생은 타인에 대한 배려와 존중이 몸에 깊숙이 배어 있는 분이셨다. 그러한 능력은 타고난 것이 아니라 자신의 삶에 대한 끊임없는 성찰과 배우고 실천하려는 노력 등에 의해 갖추어진 것이었으리라.

지금의 나를 있게 한
최초의 시련

누구에게나 삶을 뒤흔드는 강한 시련이 있게 마련이다. 시련을 어떻게 극복하고 의미 부여하느냐는 이후의 삶에 큰 영향을 미치게 된다. 시련을 담담히 받아들이고 그 의미를 성찰하며 되새긴 사람은 감정의 근육이 생긴다. 세상을 보는 시야가 더 넓어지고 타인에 대한 이해의 폭 역시 커지기 마련이며, 시련이 찾아오지 않게 할 수 있는 삶의 지혜도 쌓인다. 혹은 비슷한 강도의 시련이 또 찾아와도 예전처럼 내 삶이 휘청거리지 않게 할 수 있다. 몸과 마음이 더 건강해지는 계기도 된다. 그러나 인생의 시련에 현명하게 대처하지 못한 사람은 왜 하필이면 다른 사람도 아닌 나에게 이런 시련이 닥쳤냐며 주변 사람들과 세상을 원망하면서 시간을 보낸다. 피해 의식과 마음의 화가 더 커진다. 일상의 투덜이 혹은 싸움꾼이 되어 간다. 몸과 마음이 더 피폐해지는 계기가 된다.

인생에서 시련은 갑작스런 사고나 질병 등으로 인한 몸의 변화로 오기도 한다. 2001년의 낙상 사고로 인한 척추 1번 압박 골절, 2010년의 갑상선암 수술은 내 인생의 시련이기도 했지만 내가 많이 성장하는 계기가 되었다. 사고 후 4개월 동안 의자에 앉지를 못했던, 평생 앉은뱅이로 살 뻔했던 사고는 결과적으로 내 인생의 큰 선물이었다. 또 아무리 가벼운 암이라고 해도 '암'자가 붙은 수술을 받고 나서는 내 삶을 돌아보며 인생철학을 바꾸게 되는 계기가 되었다. 운 좋게도 내 최초의 시련은 지금의 나를 있게 했다.

조주은　　선생님, 왜 그런 말이 있잖아요. 어려운 시기를 잘 극복하면 그 시련이 우리의 삶을 더욱 풍성하게 만들고 아름다운 추억으로 수놓아질 것이라는 말이요. 저 역시 나이가 들어갈수록 그동안의 시련이 인생의 밑거름이 되어 조금씩 미성숙함에서 벗어나고 있다는 느낌이 듭니다. 시련과 상처가 제게 다가와도 예전이었다면 그 상황을 못 참아서 파르르 몸을 떨며 난리칠 것을, 요즘에는 가끔씩 시련을 조용히 관조하게 되는 제 자신을 발견합니다. 아마도 제가 겪어 왔던 시련 덕분이었겠지요. 김춘화 선생님은 얼핏 보면 인생을 편안하게만 살아오셨을 것 같은 느낌이 들기도 합니다. 하지만 어디 사람이 그럴 수 있나요? 어려운 질문일 수 있겠지만, 김춘화 선생님의 인생에 최초로 들이닥쳤던 큰 시련이 무엇이었는지 이야기해 주실 수 있을까요?

김춘화　　저는 아들 여섯이 있는 집에 딸 하나로 태어났기 때문에 시골에서 자랐어도 아버지가 집안일을 시키지는 않았습니다. 그때 친구들은 다 소 먹이러 가고 밭에 일하러 가고 그랬는데 저는 집에서 빈둥빈둥하며 화가의 꿈을 키웠지요. 글 쓰는 것도 좋아했습니다. 독서 소녀였어요. 물론 힘들게 공부를 했고 교통사고가 나서 죽을 뻔했던 일도 있었죠. 너무 어린 나이에 사고가 났는데 깨어나니까 병원이었어요.

[언제쯤이었는데요?] 고등학교 3학년 때였죠. 저는 스스로 돈을 벌어서 고등학교를 나왔고 ○○대학 향토장학생으로 합격까지 했었어요. 대학에서 연락을 받고 너무 좋아서 청파동 사시는 담임선생님을 뵈러 가는 길이었는데 사고가 났습니다. 제가 잘못해서 다친 게 아니었어요. 어떻게 사고가 났는지도 몰라요. 기절했다가 깨어나 보니까 응급실이더라고요. 제가 싱크대 만드는 회사 담장에 깔린 거였습니다. 지게차로 싱크대 같은 걸 옮기면서 콘크리트 담장에다 내동댕이쳤었나 봐요. 그 순간 긴 담장이 무너지면서 지나가던 제가 콘크리트 담장에 깔린 거예요.

조   어머나 세상에… 그럼 병원에 얼마나 입원하셨었어요?

김   3개월이요. 담장에 있던 철조망에 이마에서부터 얼굴 옆면까지 깊게 파였어요. 너무 깊어서 나중에 세브란스 병원에 성형을 하러 갔어요. 흉이 많이 있었는데, 넓지는 않지만 아주 깊게 파여 있기 때문에 수술이 안 된다고 해서 많이 아파했었죠. 다행히도 눈은 안 다쳤어요.

조   선생님 얼굴이 너무 고우셔서 전혀 모르겠습니다. 병원에 3개월이나 계셨으면 병간호는 어떻게 하셨나요?

김   허리와 골반 뼈에 금이 가고 엉덩이 쪽을 많이 다쳐서 8일 동안 꼼짝을 못했어요. 제가 그런 상황인데 우리 엄마는 간호를 해 주지 못했어요. 당시 엄마는 아빠와 여섯 아들의 밥을 해줘야 하고 살림까지 다 해야 했으니까요. 딸, 그것도 고명딸이 죽을 만큼 큰 사고가 났는데도 엄마는 제가 병원에 입원해 있는 동안 못 오셨어요. 제 친구가 8일 동안 대소변을 다 받아 줬어요. 친구가 힘들면 교회 목사님의 사모님이 하시고요. 제가 그때 교회에 열심히 다녔고 성가대도 하고 아이들 가르치는 일도 했었거든요. 며칠 후에는 아버지가 병원에 오셔서 본인 손으로 딸을 돌보겠다고 했죠.

상황이 이렇게 되니까 향토장학생으로 대학에 다니고 싶은 마음이 안 들었어요. 일단 꽃다운 나이에 얼굴이 그렇게 됐으니… 제가 죽는다고 옥상에도 올라가고 병실 문도 닫고 안 열어 주고 그랬어요. 골반 쪽에 타박상이 너무 심하니까 병원에서 결혼하면 아이를 못 낳을 수도 있다고 했고, 저는 엄청난 충격을 받았어요. 내 인생은, 더구나 여자로서의 내 인생은 끝났다고 생각할 수밖에 없었던 거죠.

조 너무 속물적인 질문인 것 같기도 합니다만, 이게 또 현실이기도 하니까 여쭤봅니다. 당시 병원 치료비 등이 많이 나왔겠어요.

김 그건 사고를 낸 회사에서 처리해야 했죠. 저는 그 길을 지나간 죄밖에 없으니까요. 그런데 저를 다치게 했던 회사에서 기사만 잘라 버리고 보상을 안 해 주려고 해서 재판을 시작했어요. 제가 법원에 가서 울며 '나는 너무 억울하다. 지금 나는 대학에 가서 공부해야 할 사람인데, 내 인생을 이렇게 만들어 놓았다'라고 이야기했어요. 그런데 그 회사가 또 망한 거예요. 엉망이 된 거죠.

사고가 안 나서 대학을 갔다면 또 다른 인생이 됐을지도 몰라요. 당시에 저는 그게 너무 억울했지만 대학 진학은 생각도 못했어요. 몸이 낫고 사건을 해결하는 게 우선이었으니까요. 퇴원하고 나서도 아파서 두통약으로 살았어요. 그때의 통증이 아직까지도 있는데요, 두통이 오면 한 2~3일 동안은 완전히 내 정신이 아니에요. 아픈 게 아니라 멍하게 되는 거 있잖아요. 아무 생각이 안 나요. 그때는 두통약을 먹어도 안 낫더라고요.

사고를 당하고 나서는 일찍 세상에 나오게 됐죠. 어린 나이에 돈을 벌기 시작하니까 세상에 두려울 게 없고 못할 게 없다는 생각이 들었어요. 또 사고가 났을 때 부모님도 아닌 가장 친했던 친구와 교회 목사님의 사모님이 저를 간호해 주셨잖아요. 그래서 저는 다친 상태에서도 나중에 어른이 되면 남을 돕고 아픈 사람을 돌봐 주면서 살아야겠다고 생각하며 더 큰 꿈을 키웠습니다.

대안적 배움의 장,
봉사활동

2009년부터 여성의 대학(교) 진학률이 남성을 앞서가더니 그 차이가 점점 더 벌어지는 추세다. 2016년을 기준으로, 고등학교에서 대학(교)

에 진학하는 비율은 여성이 73.5퍼센트, 남성이 66.3퍼센트다. 여성의 대학 진학률이 1985년에 비해 2배 이상 증가한 것이다.

그렇지만 베이비부머 세대의 성별 교육 수준을 살펴보면, 남성과 여성 모두 고졸이 가장 높다(남성 44.9%, 여성 45.7%). 여성은 고졸(45.7%) 〉 중졸(23.6%) 〉 초졸 이하(15.2%) 〉 대학교졸(11.0%) 등의 순이고, 남성은 고졸(44.9%) 〉 대학교졸(21.7%) 〉 중졸(13.6%) 〉 초졸 이하(8.4%) 등의 순이다. 고졸 다음으로 많은 학력의 경우, 여성은 중졸인 반면 남성은 대졸이다.

이른바 베이비부머 세대 남성의 경험은 당시의 모든 인간을 중립적으로 대변하는 것처럼 보이기도 한다. 하지만 모든 것에 성별 차이가 존재하듯이, 베이비부머의 교육 수준은 최근의 교육 수준과 달리

〈표〉 베이비붐 세대의 성별 교육 수준

(단위: 천 명, %)

구분	여성	남성
초졸 이하	539(15.2)	306(8.4)
중졸	837(23.6)	495(13.6)
고졸	1,621(45.7)	1,633(44.9)
전문대졸	119(3.4)	224(6.2)
대학교졸	390(11.0)	790(21.7)
대학원졸 이상	43(1.1)	186(5.2)
계	3,549(100.0)	3,634(100.0)

자료: 통계청, 〈경제활동인구조사〉(2009)
원자료 분석: 김영란 외, 《베이비붐 세대 남녀 특성 비교 연구》, 한국여성정책연구원, 2010, p.20에서 재인용

성별 차이가 엄연히 있었고, 베이비부머 여성의 교육 수준은 남성에 비해 상대적으로 더 낮았다.

고등학교를 졸업할 당시에 대학(교)에 진학한 비율을 비교해 보면, 남성이 여성보다 앞서간다. 베이비부머 세대 여성의 대학 진학률을 참고할 때, 김춘화 선생의 고졸 학력은 큰 사고 때문이기도 하지만 당시 여성 대다수의 평균 학력 수준이기도 하다.

선생은 대학 합격, 그것도 전액장학생에 준하는 향토장학생으로 뽑히게 된 기쁨을 담임선생님과 나누러 가다가 불의의 큰 사고를 당한 후 대학 진학을 포기하게 되었다. 그러나 다른 배움의 장으로 봉사활동을 선택했고, 봉사활동을 하기 위해 또 다른 배움을 찾게 됐다. 김춘화 선생의 삶에서 배움과 봉사활동은 선순환하고 있었다.

조   선생님께서 봉사활동을 처음 시작하시게 된 건 언제부터 인가요?

김   중학교 1학년 때입니다. 제가 다니는 중학교에는 보육원 아이들이 있었어요. 친구를 따라 우연히 보육원에 갔다가 어린 아이들이 너무 안쓰러워 보여서 봉사를 시작하게 되었습니다. 고등학생이 되고 난 후에는 전문적으로 봉사에 뛰어들었죠.

제 꿈은 사고 후에 산산이 부서졌습니다. 어릴 때 꿈꾸던 화가도 되지 못했고, 신학교에 입학해 선교사가 되겠다는 꿈도 이루지 못했지만 그래도 꿈을 접지 않았습니다. 사고 후에 아기를 못 낳을 수도 있다는 진단을 받고도, 어찌어찌 결혼을 하고 아이를 낳아 키우면서 다시 미술 공부를 했어요. 미술지도사 자격증을 따고 나서는 내가 가지고 있는 것을 모두 나눠야겠다는 마음으로 결손가정 아이들이 많은 안양 서초등학교 공부방에 가서 미술 지도를 했지요.

조   지금은 어떤 봉사활동을 하고 계신가요?

김   안양에 있는 김중업 박물관에서 해설 봉사를 하고 있습니다. 안양공공예술프로젝트(APAP, Anyang Public Art Project)라는 게 있는데요, 주말에는 APAP 프렌즈로서 안양예술공원 파빌리온 안내 봉사를 하고 있습니다. APAP 프렌즈 팀에서 4년째 회장을 맡고 있기도 하고요. 그리고 안양시지속가능발전협의회 회원으로서 봉사를 하고 있고, 안양대학교 한구석 밝히기 남안양클럽에서도 봉사를 하고 있어요. 한국부인회에서 호계노인복지회관 주방 봉사도 하고요.

매월 둘째 주 토요일에는 미남미인협회(마음이 씩씩한 사람들이 모였다는 뜻)에서 용인정신병원의 무연고 환우에게 밥과 생필품을 드리는 봉사를 하고 있습니다. 무연고이기 때문에 돌봐줄 사람이 없잖아요. 그래서 맛있는 음식을 대접하고 생필품도 마련해서 갖다 드려요. 제가 그 단체의 재무국장을 맡고 있는데요, 10월에 치약, 칫솔, 세숫비누를 사 오라는 명령이 떨어졌습니다. 그래서 10월 둘째 주에 수건까지 함께 갖다 드렸어요. 수건을 있는 그대로 드리지는 못하고 가위로 반을 잘라 드렸죠. 그분들이 수건으로 목을 맨답니다. 그래서 병원 측에서는 우리가 드리는 수

〈표〉 김춘화 선생의 이전 봉사활동 경력

안양 서초등학교 공부방 미술 지도
예술재단 봉사단으로 고등학교 틴볼Teenager Volante 담당 봉사 5년
자원봉사센터 포토기자단 2년
동안노인복지관 안내 봉사 4년
안양아트홀 안내 봉사 5년
예술재단 해설사 6년
서울대학교 관악수목원 계도 봉사 4년
고등학교 학부모보람교사 대장 3년
동아리 페이스페인팅봉사팀 운영 3년
스포츠 관련 행사 진행 요원(전국체전, 장애인전국체전, 실내무도대회, 아시안 게임)

건이나 때타올 같은 물건을 다 검사해요. 혹시 봉사할 기회를 갖게 된다면 그런 데 가서 봉사해 주시면 좋겠습니다.

그리고 곰두리 봉사팀이라고 있는데요. 농촌에 계신 어르신들께 가서 봉사를 하는 팀입니다. 매월 1회 곰두리 봉사팀에서 시골 어르신 효도 사진(영정 사진) 봉사를 하고 있습니다. 미용사협회와 안경사협회, 저희 단체, 단위협의회가 함께 봉사를 가서 어르신들 안경을 맞춰 드리고 파마, 커트, 염색도 해 드리면서 예쁘게 꾸민 다음 영정 사진을 찍어 드립니다.

"세상에 거저 되는 것은 없다"
- 봉사는 아무나 하나

흔히 봉사는 사회적 약자를 위해 자신의 시간과 에너지, 육체를 내줄 의지만 있으면 가능하다고 생각한다. 전업주부들이 봉사를 주도하고 있고 자원봉사 인력이 대부분 여성으로 구성되다 보니, 봉사는 여성이 하는 노동과 동일시되기도 한다. 특별한 노력과 기술이 없어도 아무나 할 수 있는 단순하고 반복적인 노동, 사회적으로 큰 가치가 주어지지 않는 노동, 마치 전업주부들이 가족 내에서 수행하는 가사 노동과 돌봄 노동처럼 인식한다.

그러나 세상에 거저 되는 것은 없다. 봉사도 아무나 하는 것이 아니다. 김춘화 선생이 매월 둘째 주 토요일 용인정신병원에 가서 하고 있는 무연고 환우를 위한 음식 봉사 역시 요리라는 전문적인 가사 노동 기술 등을 필요로 하기 때문이다. 우리 사회는 자원봉사를 필요로 하는 영역에도 계속적으로 전문성을 요구하고 있다.

조　　봉사활동하면서 배우시는 게 끊임없이 있으신 것 같습니다.

김　　제가 지난주(2017년 9월 셋째 주)에 미술치료사 과정에 합격했습니다. 관악수목원 봉사를 7월부터 잠시 쉬고, 그 기간 동안 미술치료사 1급 과정 공부를 끝냈죠.

〈표〉 김춘화 선생의 자격증 취득 및 입선 상황

연도	취득한 자격증
2004년	미술지도사
	독서지도사
	논술지도사
2007년	사진 입문. 6개월 만에 한국사진작가협회에서 요하는 점수를 따서 정식 작가가 됨
2008년	페이스페인팅 강사
2012년	가천대학교 문화학부 사진디지털미디어 2년 수강
2014년	대한민국사진대전 입상, 아시안게임조직위원회 표창장
2015년	심리상담사
	아동심리상담사
	스피치 강사
2017년	미술치료사 2급
	미술치료사 1급

미술치료사 공부는 마음 아픈 사람들을 같이 어루만지며 살았으면 좋겠다는 생각으로 하게 됐어요. 제가 아들이 다니는 학교에서 학부모회장을 하면서 아이들을 보고, 제 주위에 계신 어르신들을 보니 힘들어하는 사람이 많더라고요. 자기가 이 사회에 필요한 사람이라는 것을 못 느끼고 있는 이들의 마음속에 다가가서 아픔이 없게 해 주고 싶어 미술치료를 배웠습니다. 저는 앞으로 계속 더 나이를 먹어 갈 테니까 이만큼 세월을 살아오면서 겪은 경험과 연륜을 바탕으로 치료하려고 해요.

제가 또 하나 재미있는 거 말씀드릴게요. 자랑이라고 생각하지 마시고요. 미술치료사 1급 과정에 2시간짜리 페이스페인팅 수업이 있는데요, 교수님이 페이스페인팅은 제가 더 전문이니까 저보고 강의를 해 달라고 하시는 거예요. "교수님, 저 어렵습니다."라며 거절했어요. 왜냐하면 미술치료사 1급 과정을 듣는 수강생 중에는 미대 나와서 대학원 다니는 학생들도 있었거든요. 고수들이 있는 데서 제가 폼 잡으면 안 될 것 같아서 "교수님이 하세요."라고 했더니 본인은 못 오신다며 "선생님이 해 주세요." 라고 하시더라고요. 결국 제가 2시간 수업 진행을 했는데, 역시 어떤 부분이든 전문가는 따로 있는 것 같습니다. 페이스페인팅은 미대 나와서 그림 그리는 사람보다 제가 더 잘했습니다. 그렇게 해서 1급 과정을 끝내고 시험까지 합격했어요. 혹시 마음이 우울할 때가 있다 하면 제가 가서 재미있게 이야기도 해 줄 수 있으니까요, 저를 불러 주세요.

조   그럼 김춘화 선생님을 매일 불러야 할 것 같은데요. (웃음)

학교에서의 진실한 봉사가 보여 준 나비효과

대한민국의 학교는 다양한 방식으로 학부모(=어머니)를 불러들여 운영한다. 애초부터 산업예비군처럼 늘 준비된 어머니들의 노동력이 있다는 전제로 설계되었는지도 모른다. 어머니들을 불러들이는 것은 '참여'의 이름으로 논의되기는 하지만 내용을 보면 '동원'이기도 하다. 거의 대부분의 초등학교에는 학교급식 배식 당번, 학교급식 모니터링단, 녹색어머니회, 어머니회 등이 운영되고 있고, 중·고등학교로 가면 어머니들이 학교급식 모니터링단, 시험 감독, 학교 도서관 사서 등을 담당하고 있다.

그중에서 공식적으로 학부모들의 '참여'라는 형식으로 운영되고 있는 유일한 제도는 〈초·중등교육법〉 제31조(학교운영위원회의 설치)에 근거한 학교운영위원회이고, 학부모들은 학부모위원으로 참여할 수 있다. 나는 2005년에 어머니들을 급식 당번으로 동원하는 것에 대하여 "모성 볼모, 노동력 착취"라고 주장하며 급식 당번 제도에 반대하는 운동을 펼친 경험이 있다. 김춘화 선생 역시 자녀의 학교에서 작은 실천으로 학교를 건강하게 바꾼 경험이 있다. 그 따뜻한 이야기 속으로 들어가 보자.

조　　김춘화 선생님께서는 아드님이 다니는 학교에서도 봉사를 하셨다고 들었습니다. 봉사활동하며 취득한 자격증도 활용하셨다고요.

김　　아들이 고등학교를 다니기 싫어해서요. 아침에 아들을 깨우고 저도 아들이 다니는 학교로 출근을 했습니다. 학부모 임원들도 일찍 오라고 했어요. 교문 앞에 서서 "안녕, 얘들아. 인사하자."라며 인사를 건넸습니다. 어른이 먼저 "안녕." 이러니까 아이들이 달라지더라고요. 나중에는 아이들이 먼저 인사를 했어요. 인사하는 얼굴에도 웃음이 생기고요. 그때부터 교육청에서 장학사님들이 나오시면, 학교가 달라졌다고 하셨어요. 어떤 게 달라진 것 같으냐고 여쭤 보면 아이들의 모습이 달라지고 인사하는 것도 달라졌다고 하더라고요.

학교에 출퇴근하면서 알게 된 게 있습니다. 남자아이들이 다니는 고등학교에는 담배, 껌, 침 세 가지가 공존한다는 것입니다. 제가 쓰레받기랑 빗자루를 들고 담배꽁초를 쓸어 담으며 다녔어요. 아이들이 담배를 그렇게 많이 피웠는데요. 제가 아들이 다니던 학교의 보람교사 대장을 하면서 엄마들이 매일 쉬는 시간에 학교에 가서 지키기 시작했어요. 그러다 보니까 차츰 줄어서 이제는 주울 일도 없어요. 지각하는 애들이나 학교에서 말썽을 일으키는 애들이 껌 떼는 도구 들고 다니며 껌 떼고, 휴지 가지고 다니며 침 닦고 그랬는데, 담배를 안 피우니까 침도 없고 껌도 없더라고요. 그래서 세 가지는 공존한다는 사실을 알게 됐습니다.

아이들에 대해 이해하게 된 점이 또 하나 있습니다. 아이들은 절대로 속에 있는 말을 자연스럽게 안 해요. 그런데 제가 학교에서 애들 교복을 꿰매 주고 단추도 달아 줬더니 자기들이 좋아서 줄줄이 이야기를 하더라고요. 어떤 애는 "저… 회장님. 학부모 상주실에 놀러 가도 돼요?"라고 묻기도 해요. 놀러 오라고 하면 점심시간에 애들이 막 와요. 율무차 한 잔씩 타 주면 온갖 말을 다 합니다.

어떤 남자아이가 단추 떨어졌다며 셔츠를 가지고 왔는데 너무 더러운 거예요. "엄마한테 이거 빨아 달라고 해." 그랬더니, 학생이 "회장님, 저 엄마 없어요." 사실 그런 이야기를 쉽게 못 하거든요. "저, 누나랑 둘이 사는데 누나가 돈 벌러 다니느라고 빨아 줄 새가 없어서 더러워요." 그러더라고요. 저는 "야. 그러면 왜 누나한테 빨아 달라고 해? 네가 힘이 더 좋잖아. 비누칠해서 팍팍 문질러 봐. 깨끗하게 잘 지워져. 잘 안 지워지는 데는 솔로 빡빡 문질러 봐. 깨끗해져." 그랬어요. 학생이 제 말을 듣더니 오늘 가서 빨아 보고 내일 와서 보여 준대요. 정말 그 다음날 아침에 저한테 셔츠를 보여 주러 왔어요. 깨끗하게 빨아서요. 그러면서 "이렇게 깨끗하게 빨아 입으니까 저도 기분이 좋아요. 이제 누나 안 시키고 제가 다 할게요."라고 하더라고요. 그게 변해 가는 거잖아요. 봉사를 함으로써 저도 행복해지지만, 사람들이 변해 가는 모습을 보면 더 보람이 느껴집니다.

조   맞아요. 통계를 보더라도 한 반에 한 부모 가정 아이들이나 부모가 안 계신 아이들이 4, 5명은 꼭 있죠. 선생님께서는 봉사활동을 통해 부모님과 함께 살지 않는 남학생의 마음을 어루만져 주시고 교복 빨아 입는 법도 가르쳐 주셨네요. 선생님의 따뜻한 마음에서 우러나온 진실한 봉사가 아이들의 마음과 행동까지 변화시킨 거예요.

김　자격증을 따서 한 학교 봉사활동이 다른 봉사활동으로 이어진 적도 있습니다. 제가 페이스페인팅 자격증을 땄는데요. 안양 호계동에서 서울 화곡동까지 다니면서 너무너무 힘들었습니다. 100시간 수업을 듣고 실기 통과하고 이론까지 합격해야 자격증을 받을 수 있었거든요. 정말 어렵게 자격증을 따서 제 아들이 다니는 고등학교에 갔습니다. 디자인반 아이들은 그림을 좀 잘 그리니까 페이스페인팅을 가르쳤어요. 그다음 애들을 데리고 군포시, 의왕시, 안양시 행사를 다녔어요. 그러다 보니까 인정도 받게 됐고요. 그때 동아리 활동했던 아이들이 이제는 대학교에 갔는데, 지금도 제가 부르면 와서 페이스페인팅 봉사를 함께해 줍니다.

말썽을 부려서 선도위원회에 올라온 아이들을 데리고 손 마사지 교육을 시켜서 봉사활동을 하러 간 적도 있어요. 학교에서는 굉장히 걱정을 했습니다. 나가서도 말썽을 피울 수 있는 애들이니까요. 제가 "걱정하지 마세요. 제가 책임지겠습니다. 학부모들이 책임지겠습니다." 이래서 학부모위원들이 선도위원회에 올라온 아이들을 교육시키고 어르신들 계시는 주간 보호소에 데리고 갔습니다. 죄송하지만 아이들이 한 표현 그대로 말씀드릴게요. 처음에는 "늙은이들 손 만지면 더러워요." "그거 만지는 자체도 싫어요." "그 옆에 가기도 싫어요." 그랬어요. 그래서 제가 설득했죠. "아니야. 너 사는 데 필요할 거야. 하자. 집에 가서 엄마가 힘들 때 엄마한테라도 해 드리면 좋잖아."

이렇게 가르쳐서 주간 보호소에 갔는데 아이들이 잘할 줄은 몰라도 부드러운 손으로 만져 주니까 그 자체만으로도 어르신들이 너무 행복해하시는 거예요. 그러니까 우리 아이들이 달라졌어요. 나중에 아이들이 이렇게 썼더라고요. "선생님께서 가르쳐 주실 때 열심히 배울 걸… 내가 이렇게 못하고 만져만 주는데도 저렇게 행복해하시네… 정말 다음에는 더 열심히 배워서 가야겠다. 오늘 우리 할머니, 할아버지한테도 해 드려야지. 나도 누군가에게 기쁨을 줄 수 있구나. 나도 이렇게 필요한 사람이 될 수 있구나." 저는 너무 행복해서 아이들이 쓴 글을 학교 선생님께 갖다 드렸어요. 그러면 아이들이 달라집니다.

부모 부양, 자식 양육,
그리고 나

이른바 '신중년'이라 불리는 베이비부머 세대는 부모 부양과 자식 양육이라는 이중 노동에 시달리지만 자식에게 부양받는 것을 기대하지 않는다. 그래서 정작 본인들은 나이가 들면 빈곤해지고 돌봐 줄 사람이 없는 세대로 여겨진다. 이러한 베이비부머 세대의 경험과 노후는 계층의 양극화를 바탕으로 하고 있다. 성 중립적 시각이 아니라 여성의 시각에서 바라보면 더 분명해진다.

김춘화 선생은 시부모를 모시면서 살았던 이야기(시집살이)가 공개적인 인터뷰로, 더군다나 책에 나오는 것을 원치 않는다고 하셨다. 하지만 이야기를 하지 않았다고 해서 당시 고된 시집살이가 없었던 것은 아니었으리라. 김춘화 선생은 자식을 양육하면서 시부모를 부양하고 친정어머니도 모시며 이중 노동을 경험한 당사자였다.

조　　선생님께서 시집살이를 하셨던 이야기는 남편 분에 대해 말씀하시면서 나왔던 이야기들만으로도 대략 예상이 됩니다. 그야말로 고된 시집살이셨을 것 같아요. 아들 낳기 전까지는 시집에서 시부모님과 살았다고 하셨고, 위에 오빠들이 많았는데 선생님께서 친정어머니까지 모셨군요.

김　　오히려 오빠들이 여러 명 되다 보니까 누구보고 모시라고 하기도 그렇고, 차라리 딸인 제가 희생을 해서라도 친정어머니를 모시는 게 모두에게 좋겠다는 생각이 들었어요. 그래서 제가 나이 드신 친정어머니를 돌아가시기 전까지 8년을 모셨어요. 다행히 어머니가 많이 아프시지는 않으셨고, 혈압 약하고 고지혈증 약만 드셨어요. 제가 아들한테 할머니와 같이 어디로 오라고 하면 아들이 할머니를 모시고 왔는데요, 버스가 오면 아들은 못 따라가고 우리 엄마는 버스를 따라 뛰셨대요. 그러니까 우리 아들이 "엄마, 할머니는 달리기 선수야." 그러더라고요.

조　　그래도 친정어머님이 돌아가실 때까지 모셨으니 딸 노릇은 다 하신 듯합니다.

김   사실 제가 고등학교 졸업할 때 사고를 당해서 대소변도 못 가리고 누워 있을 때 정작 어머니께서는 집안일을 하셔야 해서 병원에 한 번도 못 와 보셨습니다. 이해는 하지만 가끔 돌이켜 생각해 보면 서운할 때도 있었어요. 그래도 제 나름대로는 친정어머니 돌아가실 때까지 성심성의껏 모셨는데 갑자기 쓰러지셔서 6시간 만에 돌아가셨습니다. 좀 힘들더라고요. 구석구석 친정어머니의 흔적이 있었으니까요.

사라 러딕Sara Ruddick은 '모성적 사유Maternal thinking'라는 독특한 사유 체계를 이야기한다. 생명에 대한 존중 등을 핵심으로 하는 이 체계는 한 아이를 돌볼 책임이 있는 자가 아이를 보존하고 보호하며 사회에서 받아들여질 수 있는 존재로 키우는 과정에서 형성된다. 한 아이를 돌볼 책임이 있는 자는 생물학적 어머니에 한정되지 않는다. 더불어 성별도 중요하지 않다. 우리는 생명 있는 것들을 보살피는 과정에서 성숙함을 얻게 된다. 즉 자식은 부모를 성숙시킨다. '자식은 부모를 성숙시키기 위해 태어난다'고 말할 수도 있을 것이다.

조   왜 그런 이야기를 하잖아요? 여자들은 어느 정도 아이 키워 놓고 쉴 만하면 그때부터 노부모가 아프셔서 돌봐야 하고, 부모를 돌보고 나면 본인이 아프다고요. 사실 저희 시어머니께서는 다행히 아직까지 건강하세요. 하지만 제가 외며느리이기 때문에 시어머니가 아프시면 지금의 저로서는 매우 곤란한 상황이 일어날 거라고 예상하고 있습니다. 제가 직접 돌봐드리지는 못 해도 어떻게든 책임을 져야겠죠. 그렇지만 나중에 제가 나이가 들어 아프게 되면 자식이 저를 돌볼 것이라는 기대는 전혀 안 합니다. 김춘화 선생님과 같은 베이비부머 세대는 더욱 그럴 것이라는 생각이 들어요. 죽도록 주기만 하고 받을 것은 기대하기 어려운 세대라고도 하죠. 김춘화 선생님께서는 자식 키우는 게 어떠셨나요?

김　딸은 비교적 쉽게 키운 것 같아요. 그런데 아들은 어렵게 낳은 데다, 애가 1년 13개월 됐을 때 한 번 잃어버린 적이 있었어요. 아들을 찾은 다음 날 직장을 그만두고, 아들을 데리고 온갖 걸 배우러 다녔어요. 아들한테 좋은 경험을 주려고요. 저 역시 많은 것을 배우게 됐죠.

　그러다가 아들이 중학교 3학년 때 가수가 되고 싶다며 바람이 불어서 공부를 안 했어요. 결국 인문계 고등학교를 못 가고 특성화 고등학교를 가게 됐는데, 학부모 총회도 하기 전에 아이가 저를 학교에 호출돼 가게 만들어 주더라고요. (웃음) 학교에 갔더니 아들과 같이 입학한 중학교 동창이 있어요. 담배를 너무 피우고 싶은데 못 참아서 학교에서 흡연을 한 거예요. 제 아들은 '내가 망 봐 줄 테니까 한 번만 잠깐 피우라' 하고 망 봐 주다가 같이 걸렸습니다. 저는 우리 애가 다시는 담배 못 피우게 잘 하겠다고 각서를 쓰고는 통곡을 하고 집에 왔습니다. 집에 오니 딸이 하는 말이, 동생을 포기할 수는 없으니까 하는 일 좀 줄이고 동생 학교의 학부모운영위원으로 들어가서 동생을 지켜 달라고 부탁하더라고요. 그래서 가족 모두가 모여 아침밥 먹을 때 제가 남편에게 이야기를 했어요. 아이 아빠가 아무런 말도 안 하더니만 '그러면 알았다'고 한 마디 하더군요. 그래서 저는 아들이 다니는 학교의 학부모운영위원으로 들어가게 됐고, 매일 아들이랑 같이 등하교를 했습니다.

활동을 하다가 학부모 회장실에 가 보니 공업용 모터 미싱이 있더라고요. 일주일에 한 번씩 봉사하러 오시는 분도 계시고요. 아이들 교복 수선해 주고 꿰매 주는 일이었는데요. 제가 홈패션도 배워서 미싱을 돌릴 줄 알았거든요. 그래서 학교에다가 저도 이것저것 다 배웠다고 했죠. 이제 아이들 교복을 고쳐 주는 일은 매일 학교에 가는 제가 맡게 되었습니다. 졸업할 때는 아이들 교복 바지 세 개를 해 먹고 왔어요. 잘라서 안에 넣고 누벼 주고 하다 보니까요. 교장선생님께서 너무 마음에 드셨는지 제가 있는 학부모 상주실에 스팀다리미도 갖다 놓아 주셨어요. [재미있네요. 스팀다리미는 왜요?]

아들이 다녔던 고등학교가 남녀공학이었거든요. 그런데 여학생들이 입학하면서 교복 치마를 사면… 잘 아시죠? 보통 치마를 두 개씩 사서 한 개는 짧게 하고 다른 한 개는 길게 합니다. 학교에서 단속할 때는 긴 치마 입고 평상시에는 짧은 미니스커트 입고 다니죠. 그런데 이 학교는 따로 아이들을 단속할 필요가 없었습니다. 짧은 치마 입고 오면 그날 바로 "가서 고쳐 와. 그리고 나서 검사 받아." 그러거든요. 그래서 저한테 가지고 오면 제가 어떻게 했냐? (웃음) 치맛단을 따요. 다 따서 최대한 끝까지 내리고 미싱을 박아 버립니다. 뜯어 붙일 수도 없게 촘촘하게 박아 버리면 그대로 입고 다닐 수밖에 없죠. 그러다 보니까 미니스커트 입고 다니는 아이들이 없어졌어요. 교육청이고 선생님들이고 "이 학교에는 짧은 치마 입고 다니는 아이들이 없네요." 한다는 이야기를 들었습니다.

조　제 아이는 치마를 짧게 입고 다녀서 벌점도 많이 받았습니다. 벌점이 쌓여 선도위원회에 회부된 적도 있었고요. (웃음) 저는 사실 학교에서 치마 길이를 단속하고 벌점을 부여하는 것은 학생들의 인권을 무시하는 것이라고 생각해 왔습니다. 그런데 김춘화 선생님께서는 저와는 다른 입장에 계시기는 하지만 학생들의 단정한 교복 착용을 위해 직접 학교에서 공업용 미싱과 스팀다리미를 활용하며 몸으로 뛰신 거잖아요. 그런 의미에서라면 정말이지 김춘화 선생님을 존경하고 싶네요.

김　아들은 "엄마가 수선집 아줌마도 아닌데 왜 저런 놈들 옷을 고쳐 주고 있어? 창피해." 이랬어요. 그런데 그 아이도 달라지더라고요. 고등학교 2학년 2학기가 되기 전부터 정신을 차리고 공부를 하고 자격증을 따더니 이렇게 이야기했어요. "엄마, 나도 해 볼게. 그렇지만 애들이 학부모들한테 싸가지 없이 굴면 내가 가만 안 둘 거야." 3학년 때는 수시로 대학을 갔습니다. 얼마나 감사합니까. 정말 너무너무 감사하지요.

또 어느 날 아들이 "엄마 아니었으면 나는 대학은커녕 고등학교 졸업도 못했어. 나 1학년 때 자퇴할 각오하고 자퇴서까지 써 놨었어. 엄마 때문에 어쩔 수 없이 학교에 끌려다니다시피 학교 갔는데… 지금은 엄마 덕분에 고등학교 졸업하고 대학에 갔어." 그러더라고요. 대학 가서도 열심히 공부해서 장학생이 됐어요. ○○학부에서 부회장까지 하고요. 뿌린 만큼 거둔다는 진리를 또다시 깨닫게 되었습니다. 자식을 키우면서 속앓이를 하기는 했지만, 다 받아들이며 사람 만들려고 학교에 쫓아다니다 보니 어느덧 제가 더 사람이 된 것 같습니다.

아들 만들기 프로젝트
– 경력 단절 여성이 되다

2005년에 우리 사회에서 호주제가 폐지되기 전까지, 아들에게는 한 가정의 호주로서 대代를 잇는다는 의미가 있었다. 호주제의 핵심적인 내용은 '남성의 호주 승계, 부성 강제, 여성의 혼인 후 부계 편입'이다. 김춘화 선생이 첫 아이를 출산할 당시인 1994년은 1970년대에 비하면 약해지기는 했으나 여전히 한 가정의 예비 호주인 남아에 대한 선호가 강할 때였다. 출생 성비를 보면 첫째 자녀에서는 자녀의 성性이 다소 자연스럽게 결정되었지만 둘째 자녀, 셋째 자녀 이상에서는

〈표〉 출산 순위별 출생 성비

(단위: 여아 100명당 남아 수)

연도	첫째 자녀	둘째 자녀	셋째 자녀	넷째 자녀 이상
1970	110.2	109.3	109.1	109.4
1975	120	109.8	110.8	105.5
1980	106	106.5	106.9	110.2
1985	106	107.8	129.1	146.8
1990	108.5	117.1	189.5	209.5
1994	106	114.1	202.7	223.6
1995	105.7	111.7	177.2	202.8
2000	106.3	107.4	141.9	167.6
2005	104.8	106.5	128	132.4
2010	106.4	105.8	111.1	109.8
2015	105.9	104.5	105.4	106.8

주: 미상 제외
원자료 분석: 통계청, 〈각년도 인구동향조사〉; 주재선·송치선·박진표, 《2016 한국의 성인지 통계》, 2016, p.127에서 재인용

남아 출산을 위한 인위적인 성감별, 여아 낙태가 이루어졌을 것이라 고 짐작할 수 있다.

한편 1980년대까지 여성들의 취업과 관련해 결혼 퇴직제, 임신 각 서 등의 성차별적 문화가 있었다. 당시 기혼 여성들의 낮은 경제활동 참여율(1980년 42.8%, 1985년 41.9%)이 보여 주듯이, 여성들에게 취업은 '결혼 전까지, 혹은 임신 전까지' 유지될 수 있었다. 1960년생인 김춘 화 선생도 딸을 낳아서 키울 때까지는 직장 생활을 했지만, 아들을 양 육하면서 노동시장에서 퇴장하기로 결정하고 경력 단절 여성이 된다.

조   김춘화 선생님은 결혼하셔서 지금까지 직장 생활을 하시
지 않으셨던 건가요?

김   아니요. 했었죠. 딸을 낳아서 키울 때는 직장 생활을 했었
어요. 그런데 딸 하나만 있으면 좀 그렇기도 하고, 당시에 시어
머니고 남편이고 자꾸 아들을 원했는데 애가 안 생겼어요. 아들
을 낳으려고 1994년에 직장을 그만뒀죠. 시댁인 인천에서 살고
있었는데 이사도 나왔어요. 그러고 나서 한 달 만에 아들이 생겼
는데요, 추석에 만삭인 몸으로 시댁에 가서 이틀 꼬박 서서 일을
하다 사달이 났습니다. 배가 아프고 태반이 미리 내려와 버린 거
예요. 집에 갔는데도 하혈을 너무 많이 해서 제가 다니던 병원에
가니 위험한 상태라고 하더라고요. 결국 대학병원 응급실에 실
려가 수술을 해서 둘 다 살아 나왔습니다. 그래서 키운 아들입니
다. 1995년 9월이었어요. 사실 그때 남편이 산모와 아기 포기 각
서까지 다 쓰고 수술을 했었습니다. 수술실 들어갈 때 남편이 땅
바닥에 앉아서 울더라고요.

조   시집에서 나오시니까 마음이 편해져서 아이가 생겼나 봐
요. 그런데 아드님 출산과 관련해서 그런 아픈 사연이 있으셨군
요. 직장은 아드님 출산하고 나서 다시 다니셨던 거죠?

김   네. 아이를 출산하고 나서 다시 보험회사에 좀 다녔고요.
제가 또 일을 아주 잘했어요. 6개월 만에 골드(등급)로 올라갔으
니까요. 제가 다니는 동안에 같이 직장에 다녔던 동료들은 지금
까지 다니고 있어요.

조   그러면 어떤 계기로 직장을 아예 그만두게 되셨나요?

김   제가 아들을 낳고 직장에 1년 3개월째 다니다가 어느 날
아들을 잃어버렸어요. 그때는 정말 세상이 다 끝나는 줄 알았죠.
우리 딸이 초등학교 1학년 때, 제가 일주일에 두 번씩 아들을 유
모차에 태워 끌고 딸 학교에 갔었어요. 1학년들은 청소를 못하
니까 학부모들이 가서 해 주거든요. 시장을 지나면 딸이 다니던
학교가 나오는데, 제가 중간에 시장에서 자필 서명을 받는 곳에
들르게 됐어요. 그런데 서명을 하는 동안 아들이 학교로 가 버린
거예요. 애가 어리기는 해도 엄마하고 다니던 길을 아니까요. 다
행히 선생님이 학교에서 울고 있는 아들을 교무실로 데리고 갔
던가 봐요. 또 딸 친구가 교무실 앞을 지나가다가 아들을 보고
"쟤가 왜 여기에 있지?" 하면서 아는 체를 하니, 선생님이 누나한
테 데려다주라고 하셨대요. 딸은 동생을 데리고 학교 수업까지
다 마친 다음 집에 왔죠.

그러는 동안에 저는 동사무소에 방송을 하고 파출소 신고를
하고 사방팔방 울고불고 하면서 아들을 찾으러 다녔습니다. 결
국 집에 돌아와서야 아들을 만났죠. 저는 다음날 미련 없이 바로
사표를 내 버렸습니다.

'좋은 엄마'와 '착한 아내'
사이에서

'현모양처賢母良妻'. 1970~1980년대 여학생들의 장래 희망에 종종 등장하던 말이다. '어진 어머니이자 착한 아내'라는 의미의 현모양처는 당시 여중생, 여고생들의 합당할 뿐 아니라 바람직한 목표로 자리 잡고 있었다. 김춘화 선생은 대학 졸업 후 아프리카 해외 선교사의 꿈을 키우다가 예상치 못한 큰 사고를 겪고, 당시 아이를 못 낳을 수도 있다는 의사의 말을 듣고는 결혼을 하지 않겠다고 생각했다. 하지만 결혼을 하게 되었고, 건강한 자녀 둘까지 낳았다. 그리하여 김춘화 선생은 '현모'에 이어 또 하나의 의무적 프로젝트를 맡게 되었으니 이름하여 '양처'다.

조   김춘화 선생님께서는 시간을 쪼개가며 열심히 살아가고 계시는데요. 하루 일상을 어떻게 시작하시는지 궁금합니다.

김   저희 남편은 아침밥 못 먹으면 출근을 못 합니다. 새벽에 나가도 "밥을 줘야 나가지." 이렇게 말합니다. 또 국이 없으면 밥을 못 먹어요. 그래서 보통 5시 30분, 6시에는 일어나서 매일 밥을 하고 국을 끓어야 합니다. 사실 제 남편하고 저하고 동갑인데 남편은 아침에 아침밥 먹어야 출근하는 줄 알아요. 그래서 제가 아침에 밥하는 일은 무슨 일이 있어도 합니다.

또 2년째 늘 수제 요구르트를 만들고 있습니다. 남편이 일을 무척 열심히 하는 성실한 사람이에요. 그러다 보니까 손의 관절이 막 튀어나오더라고요. 저랑 병원에 같이 갔는데 치료를 해야 한다는 말을 들으니 좀 미안했어요. 남편은 이렇게 열심히 일하는데 나는 봉사한다고 뛰어다녔나 싶어서요. 그러던 어느 날, 남편이 수제 요구르트를 만들어 먹으면 통증이 사라진다는 얘기를 들었다고 하데요. 반신반의했지만 이 사람이 좋다고 하니 해 주면 좋을 것 같았어요. 그래서 이틀에 한 번씩 요구르트를 만들고 꿀 한 스푼, 쌀눈, 표고버섯 가루, 블루베리 등 여러 가지를 넣어서 아침저녁으로 남편에게 꼬박 먹이고 있어요. 그렇게 한 6개월 지났더니 우리 남편이 "너무 신기해." 그래요. 뭐가 신기하냐고 물어봤더니 관절이 튀어나왔던 게 다 들어갔대요. 저도 뭐 때문에 좋아졌는지 모르겠어요. 요구르트 때문인지, 요구르트에 좋은 것을 여러 가지 넣어 먹어서 그랬는지 일단 아픈 게 없어졌대요. 관절 튀어나온 것도 들어갔어요. 다리에 있던 하지정맥도 다 들어갔고요. 의학적으로는 모르겠습니다. 하지만 본인이 믿고 먹으니까 더 좋아진 것 같아서 그냥 꾸준히 열심히 해 주고 있습니다.

조 베이비부머 세대의 남성분들이 다소 보수적이기는 합니다만, 남편 분께서 집안일에 참여하시는 부분이 있을까요?

김 전혀 없다고 봐야 할 것 같아요. (웃음) "물." 하면 제가 대령합니다. 제가 예전에는 몸이 굉장히 약했습니다. 43킬로그램

나갔으니까요. 그래서 밥상을 못 들어서 질질 끌고 가도 그걸 당신 아들이 들어 주는 모습을 보면 우리 시어머니는 난리가 납니다. 그렇게 살던 게 습관이 돼서 지금까지도 남편은 집안일 안 합니다.

남편이 발가락 양말을 신거든요. 저녁에 들어오면 발가락 양말도 뒤집어서 벗어 놓습니다. 제가 그렇게 벗지 말라고 말해도 도저히 안 되니까, 어느 날은 뒤집어져 있는 대로 빨았어요. 그리고 뒤집어진 대로 줬더니요, 베란다로 나가더니 창문 열고 버립디다. (웃음) 그래서 '아… 이 사람은 도저히 안 되는가 보다' 하고 그냥 어쩔 수 없이 뒤집어서 빱니다. 저하고 나이가 동갑인데… 그 수준입니다. 제가 부족한 것인지 도저히 안 고쳐지네요.

현모양처 이데올로기는 근대사회로 접어들면서 등장한 이념 체계다. 가정 안에서 생계 부양자인 남편을 내조하고, 자신을 희생하며 자녀를 키운다는 현모양처는 일면 조화롭게 실현될 수 있을 것처럼 보인다. 그렇지만 현실 속에서 두 가지 역할을 모두 잘 해 내는 것은 쉬운 일이 아니다. 자녀의 성별, 자녀들의 연령(장녀, 장남, 둘째, 막내 등)과 성향을 둘러싸고 부모의 선호가 발생하기 때문이다.

부모의 선호는 부부 관계, 부모 자녀 관계 갈등의 원인이 되기도 한다. 당시 '남성은 강하고 독립적으로 키워야 한다'는 사회 통념이 있다 보니, 남성들은 아들에 대한 어머니의 남다른 애정과 관심을 남성의 자율성을 방해하는 것으로 인식했을 수도 있다. 그런 측면에서 봤을 때, 좋은 엄마와 착한 아내 역할 간의 충돌은 의외로 베이비부머 세대를 전후한 가정 중 아들이 있는 집에서 일어나기도 한다.

조 엄마 역할을 하면서 남편과 부딪히는 점이 있지는 않으셨나요?

김 제가 그렇게 어렵게 키운 아들을 학교에 보내 놓고도 마음에 걸리는 게 있었어요. 애가 초등학교에 입학했는데 남편은 저를 아들 학교에 아예 얼씬도 못하게 했거든요. 딸은 고등학교 때까지 아침에 맨날 학교에 태워 줬는데, 아들은 학교가 멀어서 버스를 두 번 갈아타야 했는데도 어쩌다 한 번 차로 태워 주면 야단을 쳤어요. [왜 그러셨을까요?] 아들을 뭐로 만들려고 하냐고. 그런데 아들이나 딸이나 다 똑같은 거 아니에요?

아들은 아빠가 엄마를 야단치는 걸 늘 염두에 두고 "엄마, 아빠한테 혼나지 말고 살짝 데려다 줘…." 그런 식이었어요. 그러다 보니까 아버지하고 아들 사이가 더 안 좋았죠. 아들이 4학년 때 보이스카우트에 들어가 임원을 해서 그 한 해만 제가 좀 학교에 다니고 그 외에는 안 갔어요. 중학교 때도 안 가고 내버려 뒀어요. 나중에 자기 마음에 없는 고등학교에 진학하게 돼서 공부도 안 하고 맨날 자퇴한다고 그랬어요. 또 가수가 되고 싶다며 음악 학원에 보내 달라고 하더라고요. 아빠 몰래 보내 줬어요.

남편은 저보고 애를 부추긴대요. 항상 언제든지 아들한테는 직접 말 못하고 저한테만. 그래서 아들이 어느 날 그러더라고요. "아빠는 도대체 왜 내가 하는 걸 엄마한테 야단이냐고…." 산다는 게, 다른 사람들은 어쩐지 모르겠지만 이렇게 보니까 애들 대학 보내고 나면 너무 허무해요. 내 인생은 뭐였지? 어디에 속해 있나. 내 좋은 시절 다 보내고 나이 먹으니까 남편이고 딸이고 이런 대우를 하나 싶은 게 너무 억울하고, 그러다 보니까 잠이 안 오는 거야. 내가 그래도 할 수 있는 건 다 한다고 그렇게 했건만.

옛날에는 남편이 새벽 1시, 2시에 와도 저 깨워서 밥 달라고 하면 일어나서 다 해 줬어요. 그런데 이제는 남편이 깨워서 일어나면 그 이후부터 잠을 잘 못 자게 됐어요. 아들이 그걸 알게 됐나 봐요. 어느 날 1시쯤 안방 문 앞에서 아빠한테 말하더라고요. "아빠, 엄마를 깨우지 마세요. 아빠는 그렇게 엄마에 대한 배려가 없으세요? 엄마가 이 시간에 일어나면 다시 잠 못 자는 거 아시면서 배려 안 하고 깨우세요? 이제는 제가 식사 차려 드릴 테니까 밤늦게 오시면 엄마 깨우지 마시고 저한테 이야기하세요. 밥이든 국수든 해 드릴게요." 하니 남편이 "그래. 알았어. 아들이 밥 주라." 그러더라고요. 그다음부터는 남편이 밤중에 집에 오면 "아들 밥 줘." "아빠 라면 끓여 줘." 이래요. 웃기죠? 아니 다른 집들은 아빠가 애들 밥을 차려 준다고 하는데 우리는 어떻게 된 게 반대예요. 아들이 다 차려 줘요. 남편하고 딸은 안 해 주는데 우리 아들은 인정이 많아서, 저한테 손 선풍기까지 사다 주면서 "엄마, 잠이 안 와?", "내가 재워 줄까?" 그래요. 아들은 먹을 것을 사 오면 자는 엄마도 일어나게 해서 한 개라도 먹게 만들어요. 그렇게 하는데 어떻게 안 예뻐요? 사랑 받을 애들은 귀여운 행동을 해요. 어떤 때는 전화해서 "엄마 어디 갈 거야?" 그래요. 왜 그러냐고 물어 보면 "비가 많이 오고 바람도 많이 불고 그래. 그러니까 잘 준비해서 나가." 이러거든요. 이렇게 하는 애들은 따로 있더라고요.

갱년기의 신체적 변화를 극복하는 힘
- 사필귀 '봉사'

인간 100세 시대에 중년이라면 남녀 모두가 평등하게 거쳐 가야 하는 갱년기가 있다. 이 시기에 대한 경험은 계층, 가족력, 가족 경험, 운동 유무 등에 따라 서로 매우 이질적이다. 여성들의 경우 이른바 여성성의 상징이라고 여겨지는 여성호르몬과 관련된 폐경(완경)이 갱년기와 관련된 경험을 압도하고 있다고 해도 과언이 아니다. 나는 사실 아버지의 영향으로 탈모, 머리색의 변화, 노안을 경험하고 있지 않지만 몸에 기운이 없는 증상이 있어 갱년기를 절감하고 있다. 통상 현모양처 이데올로기를 적극적으로 실천하고 있을 전업주부들은 상대적으로 자녀에 대한 애착이 더 클 수 있다. 그래서 취업 주부들에 비해 '빈 둥지 증후군(자녀가 독립해서 집을 떠난 뒤에 양육자가 경험하는 슬픔, 외로움, 상실감)'으로 이야기되는 정서적 공허함과 우울함을 더욱 강하게 느끼리라고 예상할 수 있다.

조   김춘화 선생님은 갱년기를 거치면서 힘든 점은 없으셨는지요?

김   우울증 같은 건 올 시간이 없었지만 가끔씩 열이 확 나는 증상이 있기는 하죠. 불면증은 몇 년 됐네요. 한 3일 동안 못 잘 때도 있었어요. '아 사람이 잠을 못 자면 이런 거구나'를 느꼈어요. 붕 떠 있는 것 같고 걷는 것도 이상해지니까 남편이 저를 병원에 데리고 갔어요. 가니까 약을 줬어요. 한 알씩 먹는 건데 떨어뜨려도 버리면 안 되는 약이라고 하면서 주는 약이 향정신의약품이었어요. 신경 안정제 주사까지 맞았습니다. 그러고 나서 남편이 글쎄 집에 와서는 제가 먹을 죽을 끓이더라고요. 자기 물도 자기 손으로 안 갖다 먹는 사람이… 아마도 큰일이 나겠다 싶었나 봐요. 남편이랑 병원에 잘 다녀온 것 같아요.

조   주변에 갱년기를 지나고 있는 여성들을 보면, 신체 변화에서 개인차가 참 크더라고요. 그렇지만 거의 공통적으로 수면 장애를 갖고 있는 것 같아요. 저 역시도 2, 3시간 정도 자면 거의 다 잔 것입니다. 그 다음부터는 계속 자다 깨다를 반복하는 것 같아요. 선생님의 불면증은 그리 걱정할 일은 아닌 것 같습니다. 불면증 덕분에 남편 분께 죽까지 얻어 드셨으니까요. (웃음) 선생님께는 갱년기에 접어든 보통의 전업주부들에게 올 수 있는 '빈 둥지 증후군', 그에 이은 우울증 같은 것이 찾아올 시간이 없었다면, 혹시 그 이유를 봉사에서 찾을 수 있을까요?

김   학교에 매일 출근하다시피 하며 봉사를 하다가 잠시 손을 놓았을 때는요, 제가 어디 허공에 쿵 떨어진 것 같았어요. 그렇지만 다른 봉사를 또 많이 하다 보니까 그걸 다 잊고 살 수가 있었습니다.

사실 봉사는 내 일상만 잘 살고 돈만 있다고 할 수 있는 게 아니에요. 사람마다 가능한 봉사가 달라요. 육체적으로 할 수 있는 분이 있고요. 돈이 많은 분들은 돈으로 할 수 있고요. 여러 가지 방법이 있기 때문에 자기에게 맞는 봉사를 하면 되지 않을까 싶습니다. 제가 하는 봉사는 거의 다 큰돈 들이며 하는 봉사가 아니었어요.

제 친구들과 하는 모임이 있는데요, 4년째 연말에 쌀 20킬로그램짜리를 불우한 이웃 세대에 나눠 주는 봉사를 해 오고 있습니다. 올해가 5년째입니다. 이 모임을 만들었을 때는 남자 친구들도 있고 동창도 있으니까 제가 그랬습니다. "소주 한 잔만 덜 먹어. 우리 여자들은 살찌니까 밥 한 공기 줄여서 천 원씩만 떼자." "내가 쌀 한 포대 낼 테니 너도 내라." 그런데 한 번에 이렇게 하려면 쉬워요? 모일 때마다 천 원씩 떼는 게 쉬운 일이 아니더라고요. 꾸준하게 해야 돼요. 어떤 단체에서 자기들이 배달해 주겠다고 했는데, 우리는 절대 안 맡겼습니다. 불우 이웃들도 사생활이 있는데 사진이나 찍고 그러거든요. 저와 친구들은 직접 캐리어 끌고 가서 갖다 드립니다. 사진도 찍지 말고 길게 말 붙이지도 말고, 그냥 추운 겨울 따뜻한 밥이나 지어 드시라는 말만 하고 오라고 얘기해요. 그러면 친구들이 진짜 그렇게 해 줍니다. 이렇게 다른 사람 못 시키고 직접 하고 있다 보니 갱년기라는 것도 모르고요, 우울증 같은 것도 없습니다.

가족과의 갈등과 협상
– 궁극적으로 나와 우리 가족을 위한 봉사

가사 노동과 돌봄 노동에 1차 책임이 있다고 전제되는 전업주부들의 다양한 봉사활동은 경제적 보상이 따르기도(김춘화 선생의 경우 사진촬영. 페이스페인팅 등이 해당) 하지만 대체로 무급이다. 자본주의 사회에서 경제적 보상이 주어지지 않는 일은 사회적으로 '노동'으로 인정받기도 어렵거니와 무급 노동을 하는 자에게는 사회적 권한이 부여되지 않는다. 따라서 경제적 보상이 없는 봉사에 많은 시간을 투여하는 여성에게 가족의 인정은 봉사활동 참여의 전제가 될 수 있다. 그렇지만 봉사가 지속됨에 따라 여성은 스스로 내적 갈등이나 나머지 가족 구성원들과의 갈등을 겪을 수 있고, 그러한 갈등에 대한 협상 능력이 봉사를 지속하게 하는 원동력이 된다.

조　저는 나이가 들어 갈수록 사람들에게 덕을 베풀고 싶은 마음이 큽니다. 다른 사람에게 유·무형의 선행을 베풀고 그것을 받은 사람이 기뻐하고 행복해하는 모습을 보면 제가 그렇게 행복할 수가 없습니다. 요즘에는 받는 기쁨도 크지만 주는 기쁨 역시 그에 못지않다는 것을 느끼고 있습니다.

그런데 이렇게 하는 이유는 저와 제 가족을 위해서입니다. 저는 내 자신, 내 자식에게까지 화가 미칠 수 있기 때문에 최소한 다른 사람에게 원한을 사는 일은 하지 말자는 생각이에요. 어쩌면 봉사도 어떤 순간에는 가족과 갈등하는 이유가 될 수 있지만, 궁극적으로 나와 가족의 행복을 위한 것이라는 점을 가족에게 인정받는다면 봉사활동에 큰 원동력이 될 것 같습니다.

김　자원봉사를 하면 내가 남한테 베풀어 주는 것만 있는 게 아니고, 내가 얻어 오는 게 더 많아요. 저는 자원봉사를 하면서 상도 많이 받았어요. 자원봉사 3,000시간 이상이면 주는 은장도 받았고요. 5,000시간에는 모자라서 금장은 못 받았지만요. 그래서 재미있게 살고 있어요. 봉사는 남 도와주는 일만이 아니라 내 자신도 행복해지는 일이거든요. 또 봉사를 통해서 이것저것 많이 배웠고, 그걸 배워서 다른 봉사활동을 할 수 있죠.

사실 제가 봉사를 거의 일처럼 하니까 어쩔 때는 남편한테 미안해요. 제가 봉사한다고 남편을 도와주지 않으니 미안한데, 이제는 그냥 우리 남편한테 "돈을 버는 사람이 있으면 쓰는 사람도 있는 거야."라고 이야기합니다. 어느 날 남편이 "당신은 교회에 가면 뭐라고 기도하고, 무슨 목적으로 봉사를 하느냐?"라고 묻더라고요. 남편이 건설 중장비 제작하는 사업을 하니 '당신 회사에 일이 없어서 종업원이 노는 괴로운 상황이 일어나지 않게 해 달라'고 기도한다 했죠. 그랬더니 저보고 왜 부자가 되게 해 달라고는 안 했냐고 해요. 부자까지 욕심내면 또 그 복도 안 줄 것 같아서 일 때문에 당신이 고통받지 않게만 해 달라고 한다고 대답했죠. 일이 많으면 돈은 자동으로 벌 수 있는 것 아니냐고 하면서. 그랬더니 남편이 그래요. "당신 말대로 일은 넘치는데 돈은 안 되네? 당신 기도 때문이야."

그래도 감사한 일 아닙니까? 사업하셨거나 지금도 하시는 분이 계시겠지만 일이 없어 종업원들이 놀게 되면 정말 괴롭거든요. 그래도 남편 회사는 일이 넘쳐서 하청도 주고 하니 제가 늘 감사하고 있습니다.

조　사업하시는 분들은 나름대로 애로사항이 있으시겠지만 저로서는 상당히 부럽습니다. 일이 넘쳐서 하청 주시고. (웃음) 남편 분은 사업을 하시니까 돈을 버는 것이 직접적인 목표일 수 있겠으나 김춘화 선생님은 돈 자체를 좇지 않으시고 심지어 봉사 활동을 활발하게 하시니까 더 큰 복이 오는 것인지도 모르겠습니다.

김　제가 안양에 있는 서초등학교에 봉사를 다닐 때입니다. 가정환경이 어려운 아이들이 많았거든요. 당시 36명이었는데 제 돈으로 재료를 사서 봉사를 다녔어요. 우리 남편이 알면 이 여자 정말 미쳤다고 할 거예요.

또 어떤 일이 있었냐면 제가 봉사를 마치고 나와서 운전 중에 신호를 기다리고 있는데 삼성 A/S 기사가 전화하다가 제 차를 와서 받아 버렸어요. 제가 당시 코란도를 끌고 다녔는데 뒤에 달린 보조 바퀴통을 박아서 완전히 부서졌죠. 그 차는 앞이 쑥 들어가 버렸고요. 그 운전기사는 놀라서 못 내리고 있는데 제가 내려서, "이 차 이렇게 돼서 어떡해요? 아저씨 가서 차 고치세요. 제 차는 그거 깨졌다고 안 가겠어요?" 이러고 그냥 와서 저녁에 남편한테 그랬습니다. "○○ 아빠. 나는 봉사하고 결손가정 애들 미술 지도하고 가는 중인데 내가 그 사람한테 이거 깨진 돈 물어내라고 하면 당신한테 복 안 줄 것 같아서 그냥 왔어." 남편이 "그래. 잘났다." 이러더라고요. 제가 그러고 다녔어요.

아이들도 제가 봉사하러 다닌다며 집에 없으면 불만이 있었지만 이제는 괜찮다고 해요. 우리 딸이 해외로 휴가를 갔다가 8일 만에 집에 온 날이 토요일이었어요. 그런데 토요일에 저는 미술치료사 공부하러 가 있었어요. 그래도 엄마가 공부하러 가는 건 괜찮다고 해요. 그 나이에 공부하는 게 자랑스럽다고 말해 주더라고요.

조 저도 나이가 들다 보니 봉사를 통해 남편의 사업에 복이 깃들 수 있다는 말씀이 더욱더 이해되고 실감이 됩니다. 이런 점은 어쩌면 눈에 보이지 않는 영적 영역처럼 보일 수도 있을 텐데요. 눈에 보이는 활동에 의해 가족들의 공감과 이해를 얻었던 경우도 있으셨을까요?

김   아들은 엄마가 집을 그냥 대충 해 놓고 다니는 것과 활동 많은 게 불만이었어요. 그러다가 재작년에 친정어머니가 돌아가셨을 때 한림대 병원 장례식장에 모셨었거든요. 특실이어서 장례식장이 넓었는데도 앉을 자리가 없어 사람들이 식사도 못 하고 가는 모습을 보고 애들이 "우리 엄마가 잘 사셨구나." 그러더라고요. 친정 형제들도 있어서 그럴 수도 있겠지만 우리 손님이 그렇게 많았어요. 제가 직장에 다녔던 것도 아니고 주부인데 엄마의 손님이 이렇게 많은 걸 보고 깜짝 놀랐대요. 시장님이 기 가져다 세워 놓고 자원봉사센터랑 국회의원들 기도 왔으니까요. 우리 딸이 자기 시집갈 때도 저분들 오냐고 하더라고요. 기분이 좋았다는 이야기죠. 예전엔 봉사한다고 집 놔두고 다니고 자기들 있을 때 엄마가 나가면 불만이 있었는데, 지금은 괜찮다고 해요.

新중년으로서의 미래 설계
- 봉사의 심화와 확장

2010년도에 베이비부머 세대가 본격적으로 은퇴하기 시작하면서, 이들에 대한 대응 방안이 사회적 이슈로 등장했다. 그동안 베이비부머 세대에 대한 논의 및 정책은 주로 남성 노동자를 전제로 하고 있어 여성들은 상대적으로 소외되기 쉬웠다. 베이비부머 세대의 여성은 주로 남성 배우자의 수입을 공유해 왔기 때문에 국민연금 가입률이 남성의 절반 수준에 불과하다. 노후에는 배우자의 연금에 의존하거나, 사별이나 이혼을 한 경우 더욱 적은 액수의 연금으로 생활해야 할 경우가 많다. 이들의 평균 수명은 상대적으로 늘어났으나, 중년에서 노년으로 가면서 이른바 '낀 세대의 여성'으로서 빈곤과 건강 등의 문제에 직면할 우려를 안고 있다.

김　요즘 100세 시대라고 하잖아요. 살고 죽는 게 자기 뜻대로 안 되죠. 친정어머니가 시내버스하고 같이 뛰시는 걸 봤기 때문에 저도 은근히 걱정이 됩니다. 저도 저렇게 오래 사는 게 아닌가 싶어서…. 너무 오래 사시니까 효도 못하는 아들들을 보고 마음이 더 아프시지 않았나 싶어요. 뜻대로 안 되겠지만 저는 85세까지만 살고 싶어요. 최근에 제가 호계 3동하고 호계 2동에 사시는 어려운 어르신들의 영정사진을 사비로 해 드렸어요. 사비를 들이다 보니까 너무 많이는 못하고요. 혹시 주위에 정말 영정사진도 못 찍을 만큼 아주 어려운 분들이 계시다고 하면 제가 해 드리고 있습니다.

아까 미술치료사 자격증을 땄다고 말씀드렸잖아요. 제가 심리상담사 자격증도 있습니다. 그래서 60세 이후에는 그쪽으로 봉사를 하려고 합니다. 그때는 너무 힘든 건 못하고 편안하게…

남편은 못마땅할 수 있겠지만요. 남편한테 제가 하는 일을 이해해 달라고 하려니까 잘 안 되더라고요. 차라리 이 사람 생각도 옳고 저 사람 생각도 옳으니까 나는 내 할 일을 꾸준히 하자고 생각합니다. 사람마다 다 달란트가 있으니까요. 저의 달란트는 봉사라고 생각하고 꾸준하게 봉사하며 살려고 합니다.

그래도 먹고살 만은 하게 만들어 놓았습니다. 애들도 다 키웠으니 나이를 한 살씩 먹어 가면서 사회에나 누구에게든 도움을 주는 그런 삶을 살고 싶습니다. 인생에 정답은 없지만 제가 아무것도 할 수 없을 때 삶을 되돌아보면서 '이것도 좀 할 걸… 내가 왜 이걸 못했지? 좀 더 베풀 걸…' 하며 후회하지 않게끔, 제가 할 수 있고 해야 되겠다고 생각하는 것을 다 하면서 살고 싶습니다.

조　　선생님의 말씀에 참 공감이 됩니다. 저는 선생님보다 나이가 어리고 살아오며 경험한 것도 다르지만 삶의 방향, 가치관은 너무나 비슷하다는 것을 느낍니다. 저 역시 우선 제 자신이 만족하고 행복하고 싶지만, 행복의 원천은 제가 누군가에게 가치가 있고 도움이 되는 삶 속에서 찾고 싶거든요. 그리고 후회 없는 삶! 선생님 앞에서 외람된 이야기일지 모르겠지만 저는 내일 죽어도 후회는 없을 것 같습니다. (웃음) 선생님께서는 지금의 삶에 머무르지 않으시고 계속 배우시며 깨우치는 삶을 사실 것 같네요.

김　　그래서 지금도 이것저것 배우고 있고, 또 다른 것에 도전할 것입니다. 요즘은 세월이 좋아서 배울 수 있는 게 너무 많더라고요. 올해는 음악 쪽으로 해서, 악기를 배우고 싶습니다. 공부는 때가 있다는 말을 하죠. 그렇지만 꾸준하게 나이를 먹어 가도 하니까 되더라고요. 우리 딸이 제가 공부하고 있는 뒷모습을 보다가 저한테 "엄마, 불쌍해." 이래요. 그게 무슨 말이냐 그랬더니 예전에는 엄마가 먼저 공부하고 외워서 자기를 가르쳐 줬는데 지금 뒤에서 가만히 지켜보니까 읽었던 부분을 또 읽고 또 읽고 수십 번을 읽는 것 같아서 불쌍하다는 거예요. 엄마가 공부도 때가 있다고 했는데 엄마의 모습을 보면서 그 말이 실감나는 것 같대요. 그래서 제가 뭐라고 했는지 아세요? "엄마가 기억을 잘 못하고 암기도 잘 안 되지만 이해는 더 잘한단다. 그래서 할 수 있단다."

우리 아들은 제가 자격증을 따니까 "우리 김 여사, 대단해. 우리 김 여사, 장해." 그러더라고요. (웃음) 그래서 저는 열심히 하면 다 된다고 생각합니다. 어르신들께 봉사할 수 있는 것도 저의 재능이니까 꾸준하게 하면서 어려운 사람들에게 가까이 가는 삶을 살려고 합니다.

조 　　 저는 지금 공무원으로 재직 중인데요. 〈공무원연금법〉이 개정되어 공무원 연금 지급이 되는 기준 근속 년수가 20년에서 10년으로 바뀌기는 했습니다만, 부모님께 물려받을 재산이 있는 것도 아닌 상태에서 아이들이 결혼이라도 하겠다고 하면 약간 걱정이 되는 것이 사실입니다. 결혼 비용, 가령 주택 마련 등에 보탬이 되어 줘야 할 텐데 어떡하나 싶어요. 지금으로서는 전혀 대안이 없는 상태라서 노후의 경제가 걱정됩니다. 아마도 베이비부머 세대의 여성들은 경제활동 참여율이 낮고 다수가 남성 가장이나 가족에 의존하고 있어 노후 대책이 상대적으로 부족할 수 있을 텐데요. 봉사활동도 경제적으로 안정되어 있지 않으면 힘들 수 있을 듯합니다.

김   사실 제 남편은 생활비만 보내 주고 있고, 다른 건 전혀 없습니다. 매달 회사 경리과에서 제 통장에 생활비를 넣어 주고 있는데요. 빠듯하게, 힘들게 살게끔 넣어 줍니다. 그래서 제가 활동하는 데 필요한 돈은 조금씩 알바를 해서 벌어 씁니다. 페이스페인팅으로 봉사도 하지만요, 골프 대회 같은 행사에는 돈을 받고 갑니다. 제가 사진작가이기도 해서 예식장에 있는 폐백실하고 신부 대기실에서 사진 찍는 알바를 했습니다. 알바비가 좀 고액인 편이거든요. 한 시간에 10만 원씩 받아요. 페이스페인팅도 좀 많이 받는 데는 한 시간에 5만 원 받고요, 적게 받는 데는 3만 원 정도 받고요. 또 가끔씩 남편 회사가 바쁘면 김포에 있는 공장을 대신 가 주기도 해요. 제가 알뜰하게 살아서 나름대로 생활 기반을 잡아 놓은 상태죠.

　이제는 저도 나이를 먹는구나 싶어요. 자신감이 확실히 떨어져서 걱정이 먼저 앞서요. 아들이 대학 졸업하면 뭘 해 봐야지 생각했다가도 할 게 없는 거예요. 갈 데라고는 보험회사나 음식점이겠지요. 제가 옛날에 보험회사 다녔었지만 자식들 다 키워 놓고 나이 들어서 거기 가 있을 수도 없고. 제가 아는 많은 사람들, 그리고 봉사하면서 알게 된 사람들한테 보험 하나 해 달라고는 못 하잖아요. 그건 아니죠. 제가 봉사를 하며 인연을 맺은 사람들한테 불편을 주는 건 아니다, 내가 좀 부족하게 살아도 그런 행동은 하지 않아야겠다고 생각하고 있어요. 돈은 적게 주면 적게 주는 대로 알뜰하게 살고, 내 용돈은 지금과 같은 방식으로 벌어 쓰면 행복하다고 봐요. 저는 이제 사람들에게 인정을 받으니까 계속 이렇게 봉사하면서 살아가려고 합니다.

올 여름에 김춘화 선생을 소개 받아 인터뷰를 한 후 인터뷰 내용을 정리하고 기록하면서, 내 영혼이 정화되고 선해지는 기분이었다. 지금까지 여성이라고 하면 권위주의적이고 남성 중심적인 기존의 규범에 저항하는, 이른바 '쎈 여성들'을 만나 왔다. 그런 경험의 연장선상에서 만나게 된 선생은 자칫 여리고 소녀 같으며 순응적인 여성으로 비춰질 수 있었다. 그렇지만 나는 김춘화 선생이야말로 내면에서부터 단단한, 순도 100퍼센트로 '쎈 여성'이지 않을까라는 결론을 내리게 되었다.

나의 경우, 이분법적 사고에 갇혀 싸움의 대상을 향해 저항만 할 수 있었으나 김춘화 선생은 다른 인생 전략을 구사하며 살아오셨다. 적극적인 저항은 아니었으나 학교를 포함해 지역사회에서 활용할 수 있는 다양한 자원들을 찾고 끌어내서 자기 것으로, 자기의 가족 것으로, 우리 사회에서 소외된 이웃들의 것으로 만들어 내는 탁월한 능력을 소유하고 있었다. 그러한 능력은 봉사를 통해 얻게 된 정보 등에 기인한다.

베이비부머 세대인 김춘화 선생은 남성 중심적인 사회에서 등록금을 벌고 봉사활동도 하며 고등학교를 마쳤으나, 불의의 사고로 대학 진학의 꿈을 접게 된다. 손재주가 좋고 그림을 잘 그려서 어려서부터 미술학도의 꿈을 키워 왔고, 신학교를 졸업한 뒤 선교사로서 아프리카 선교 활동을 하고 싶다는 꿈도 있었으나 모두 미뤄졌다. 그러나 선생은 정직하게 직장 생활을 하며 사회에 발을 내딛었고, 인생 계획에 없었던 결혼도 하게 되었으며 1녀 1남을 낳아 인생 목표에 없었던 현모양처로서의 삶을 살아갔다.

그녀는 딸로서, 아내로서, 어머니이자 며느리로서의 정체성에 충실했지만 '봉사활동'과 '봉사활동을 더욱 전문적으로 하기 위한 자격증 취득'으로 누구의 아내, 누구의 엄마가 아닌 김춘화의 삶을 살아왔다. "세상에 거저 되는 것은 없습니다." "봉사도 중독이 되네요." 선생의 입에서 종종 나왔던 말들이다. 김춘화 선생은 불의의 사고를 당해 병원에 입원했을 당시 가족들의 병간호를 받지는 못했다. 그러나 '낀 세대'로서 시부모를 모시고 남편에게 극진한 내조를 하며 자식 둘을 손수 키웠고, 친정어머니가 91세에 돌아가시기 전까지 8년을 모셨다. 힘들었던 순간들을 다 잊고 극복하게 만든 힘은 봉사다. 선생의 삶은 '자식 어느 정도 키워 대학 보내고 나면 (시. 친정)부모 아프기 시작하고, 아프신 부모 돌보고 나면 본인이 아프다'는 이른바 베이비부머 세대 여성들의 한탄에 해당될 수 있으나 지혜롭고 긍정적인 사고

방식으로 살며 자기 관리를 잘 해 오셨다. 사회에서 주는 여성으로서의 숙제를 어느 정도 마쳤으니 이제부터 선생의 인생은 조금 가볍고 더 즐거워지지 않을까 기대된다.

나는 대학교에 입학한 후 천주교 봉사활동 동아리에 가입해 뇌성마비 장애인과 농아 장애인들을 대상으로 봉사활동을 한 경험이 있다. 물론 매우 오래전 일이기는 하지만 봉사활동을 꾸준히, 그들의 눈높이에서 계속한다는 것이 얼마나 어려운 것인지를 알고 있다. 나는 엄마들을 동원해 다양한 노동에 배치하는 학교를 상대로 지적질이나 할 줄 알았지, 학교에 다니는 어려운 학생들의 고민을 들어주고 함께하는 시간을 갖지는 못했다. 선생의 주된 인생은 학교 봉사, 인생 2모작도 봉사. 인생 3모작은 심리 상담과 미술치료 등 더 세련되고 전문적인 봉사로 이루어질 것으로 예상한다. 베이비부머로 불리는 5060세대는 우리나라 고도성장의 주역이나. 부모 부양과 자녀 양육의 이중고를 겪는 마지막 세대이기에 노후 준비가 되어 있지 않다고 이야기된다. 다행히도 김춘화 선생은 알뜰하게 살림해서 자기 명의의 자산을 마련해 두었고 사진작가, 페이스페인팅 활동으로 용돈도 벌 수 있기 때문에 경제적 의미의 노후 걱정이 삶에 침투해 있지는 않다.

이보다 더 근사하고 부러운 삶이 어디 있겠는가? 단 하나 걸리는 점은 선생의 남편이 아직도 간 큰 남편인 듯하나, 그 부분은 시간이 해결해 주리라는 낙관적 전망을 해 본다. 살아가면서 그 정도 작은 십자가도 없다면 그게 삶이겠는가? 김춘화 선생의 신중년에 축복과 행운을 보내드리고, 나는 작은 부러움으로 남은 삶을 전망해 본다. 참,

그러고 보니 늘 시간에 쫓겨 만나느라 김춘화 선생과 술 한 잔을 못한 것이 못내 아쉽다. 카톡 메시지를 보내 본다. "김춘화 선생님, 잘 계시죠~?" 다음 내용은 사적인 내용이라 생략.

다음 세대와
함께
배움의
텃밭을
일구다

내가 정광필 선생을 처음 알게 된 것은 2003년 이우학교가 설립될 무렵이었다. 당시에 나는 '서울시대안교육센터'의 운영을 책임지고 있었는데, 이 기관의 주된 소임은 1990년대 중반부터 급증한 학교 밖 십대들이 배움을 지속할 수 있도록 도시형 대안 학교의 다양한 본보기를 만들고 질적인 향상을 꾀하는 것이었다. 그렇게 하려면 새로운 교육의 패러다임을 실천하는 움직임들을 주시하고 연결하면서 시너지를 내는 일이 중요했다. 대안 교육의 진로를 다각적으로 모색하는 과정에서 '이우학교'는 획기적인 프로젝트로 출현했다. 구체적인 사례를 보여줌으로써 공립학교의 탈바꿈을 꾀한다는 목표에 뜻을 모은 시민들이 십시일반으로 학교 설립에 힘을 보탰다. 이우학교는 혁신 학교의 원형이 되었고, 그 한가운데 정광필 선생이 계셨다.

그 후 교육과 관련한 공식적인 행사나 회의석상에서 정광필 선생을 종종 볼 수 있었는데, 언제나 밝은 얼굴로 은은한 에너지를 불어넣어 주시는 모습이었다. 사회운동이나 대안 교육에 몸담은 사람들은 너무 진지하고 때로 비장함을 띠는 경향이 있다. 자신의 철학과 소명감이 지나쳐 독선으로 흐른다거나 매사를 당위적인 틀에서 접근하는 습성 때문에 소통이 막히는 경우도 많다. 그에 비해 정 선생은 오랫동안 노동운동을 해 왔고 교육에 헌신하고 있으면서도, 정서가 아주 유연하고 여러 입장에 열려 있는 사고방식을 견지하셨다. 그리고 일과 삶을 즐기는 듯 경쾌하고 활달한 기운으로 충만해 있었다.

아무런 기반 없이 학교 하나를 세운다는 것, 교장으로서 그 학교를 이끌어 간다는 것은 엄청난 일이다. 좋은 목적으로 모였지만 저마다의 지향이나 색깔이 달라 크고 작은 갈등이 끊이지 않고, 일을 추진하는 과정에서 드러나는 사소한 힘겨루기나 이해관계를 보면 인간에 대한 회의가 들기 마련이다. 실제로 아주 작은 규모의 대안 학교에서도 구성원들 사이에 상처를 주고받고 편 가르기 끝에 결별하는 일이 비일비재하다. 그런데 정 선생에게서는 피로감으로 지쳐 있거나 인간관계에 부대끼고 있다는 인상을 한 번도 받지 못했다. 어떻게 저토록 한결같이 밀고 나갈 수 있을까? 자기주장이 강하지 않으면서도 뚝심 있게 추진할 수 있는 바탕에는 무엇이 깔려 있을까?

정 선생과 인터뷰하기로 했을 때, 그동안 품고 있었던 의문들이 다시 꿈틀거렸다. 이우학교를 사임하신 이후의 행보도 매우 흥미롭게 지켜보았는데, 그 여정에서 무엇을 경험하고 탐색하고 계시는지 궁금했다. 특히 사회운동가로서 새로운 현실을 어떻게 만들어 가고 계신지 알고 싶었다. 인생의 선배로서 중년 이후의 생애를 어떻게 꾸려 가면 좋을지에 대해서도 한 수 가르쳐 주시리라는 기대감으로 인터뷰를 준비했다.

정광필 선생의 생애를 관통하는 하나의 주제가 있다면, '변화에 대한 관심과 실천'으로 요약된다. 현장은 여러 자리였지만 줄기차게 '어떻게 더 나은 세상을 만들 것인가'를 고민하며 매진해 오셨고, 그 가운데 절반 이상은 배움의 세계를 개척하는 것이었다. 그 작업은 세대의 경계를 넘나드는 연결 속에서 이뤄졌는데, 연령에 따른 문화적인 단절이 심각한 한국 사회에 절실히 필요한 도전이라고 할 수 있겠다. 금년에 환갑을 맞은 선생의 인생은 묘하게도 20년을 단위로 마디를 이루고 있다. 20세까지 학생, 그 뒤로 40세까지 학생운동 및 노동운동, 그리고 60세까지 교육 운동을 하셨고, 이제 새로운 전환기를 맞이하고 계시다.

삐딱한 고등학생?

김찬호　　이런 인터뷰를 할 때 보통 연대기 순으로 질문을 하게 되는데, 거꾸로 최근 이야기부터 듣고 싶어요. 선생님이 살아오신 이력이 워낙 독특하다 보니 궁금해지는 것이 있어서요. 요즘 친구들이나 또래 분들과 비교해 봤을 때, 자신이 많이 다르다고 느끼는 부분이 있는지요? 또는 친구들이 선생님을 각별하게 평가하는 것이 있는지 궁금해요. 그분들이 선생님께서 사는 방식을 특이하다고 생각하는가 하는 것이지요.

정광필　　지금만이 아니고 옛날에도 다른 게 많아서. 그러니까 좀 아웃사이더더랄까? 기존의 주류하고는 조금 다른 삶을 살아왔고 남들 은퇴할 때쯤에도 저는 뭔가 다른 걸 하고 있으니까, 우리 동창들을 기준으로 보면 늘 다른 셈이지요. 예를 들면 작년에 경기고등학교 졸업 50주년 홈커밍데이라고 해서 졸업생들이 모이는 자리가 있었는데요, 그날 제가 시간이 여의치 않았는데도 총무가 꼭 오라고 했어요. 왜 그러냐고 물어보니까, 내게 특별상을 주기로 되어 있어서 그렇다고 하더라고요. 졸업생들이 대부분 학자, CEO, 관료 등으로 살아왔고 업적들도 대부분 그쪽과 관련되어 있는데, 저는 그래도 늘 기존의 것과는 다른 걸 해 왔다는 점이 의미가 있어서 특별상을 주니까 꼭 오라는 거야. [그래서 받으셨어요? 상에 뭐라고 쓰여 있어요?] 기억은 잘 안 나는데,

세상을 다른 눈으로 바라보면서 늘 새로운 삶을 추구해 온 모습을 높게 평가한다는 내용이었어요.

김   참 재미있는 상이네요. 겉으로 드러난 이력을 대충 훑어보기만 해도 선생님은 정말 남들이 가지 않은 길들을 찾아서 걸어오셨다고 봐요. 처음 선생님이 세상에 눈을 떴다고 해야 할까, '이건 아니다, 바꿔 봐야겠다'는 마음을 갖게 됐던 게 언제쯤이었는지요. 다시 말해 선생님은 언제부터 다르게 살기 시작하신 것 같아요?

정   고등학교 1학년(1973년) 때 박정희 대통령이 제정한 유신 헌법이 아무리 봐도 아닌 거 같아서 사고를 쳤답니다. 중학교 때부터 독립운동에 관심이 있었고, 함석헌 선생도 만났다 보니까 유신 체제가 출범했을 때 정의감 같은 게 발동했던 것이지요. 그래서 지금 국회의원인 노회찬이랑 둘이서 유인물을 제작해 몰래 배포했는데, 그 일 때문에 고등학교 전체에 휴교령이 내려졌어요. 다행히 걸리지는 않았어요. 그거 학교에 쫙 뿌려 놓고 둘이서 세종로로 나와 어느 오뎅집에서 아주 우아하게 오뎅 사 먹었던 기억이 나네요.

김   당시 고등학교 1학년은 지금의 또래 아이들과 확실히 달랐긴 했겠지만, 그래도 그게 보통 일은 아닐 거라는 생각이 드는데요. 불의에 대한 분노였나요?

정   고등학교 1학년이면 성숙했다고 보기는 어렵죠. 그럼에도 불구하고 뭐랄까, 감성적으로 강한 때잖아요. 지금 아이들에게서도 똑같이 확인할 수 있어요. 당시 저는 함석헌 선생을 만나고 김지하의 시도 읽으면서 이거 아니다 싶은 것에 민감하게 반응했던 것이지요. '그러면 내가 할 수 있는 게 뭘까? 까짓 거 한번 저질러 보자'는 생각에 그랬던 것 같아요. 지금 애들도 너무 싱거운 시대를 살아서 그렇지, 마음속에서는 여러 가지가 꿈틀대고 있지 않을까요?

김 반골 기질은 고등학교 졸업 이후에 어떻게 이어졌나요?

정 세상을 자꾸 보다 보니까 달리 보이는 게 참 많았습니다. 그래서 고등학교 시절에 철학 공부를 하고 다양한 책도 보며 세상의 잘못된 것들에 대한 비판적인 생각을 늘 하고 있었어요. 재수해서 대학에 갔더니 먼저 입학했던 제 동기들이 저의 성향과 철학을 이해하고 있었는지 이런저런 서클에 들어오라고 권유하더라고요. 친구들과 함께 공부도 하고 운동도 하다 보니 반골 성향에 따른 행보가 쭉 이어졌던 거 같아요. 당시에는 서클 활동이 학교 강의보다 훨씬 더 중요했던 시절이었거든요. 대학 강의는 별로 안 듣고, 주로 세미나를 많이 했죠. 역사를 가장 많이 공부했던 거 같아요. [그렇게 공부하셨으면, 또 고등학교 때의 전력을 생각하면 대학생일 때도 사고를 치셨을 거 같은데요.] 제가 대학에 간 1977년도는 긴급조치 9호 때문에 몇 사람이 모이는 것도 허용되지 않던 시절이었는데, 대학 내에서 시위가 좀 있어 그때마다 참여했더니 1학년 때 제적을 당했어요.

김 그리고 나서 군대로 가셨나요? 군대에서는 어떻게 지내셨나요?

정　전과자면 군대는 안 보냈는데, 감옥에 갔다가 나오니 법이 바뀌었더라고요. 1979년 10월 26일에 징집돼서 군대에 갔어요. 그날이 박정희 대통령이 시해된 날이잖아요. 논산 훈련소에서 밤에 무슨 일이 있었다는 소식을 들으면서 군 생활이 시작되었습니다. 그동안 한 것이라고는 공부밖에 없으니까 가서 몸을 만들자는 계획을 세웠죠. 그 시절에 저는 세상을 바꾸고 싶었고 그러려면 현장에 가서 노동운동을 해야겠다는 마음을 먹고 있었거든요.

　마침 소속 전과가 포병이더라고요. 155밀리미터 포라고, 당시에 가장 무거운 포였는데 포신을 좌우로 상하로 돌리면서 작동하는 것입니다. 그 원리와 조작 방법이 공장의 선반이랑 똑같아요. 저는 좋은 기회가 왔다고 생각했어요. 33개월 복무 기간이면 숙련이 되겠다 싶어서 열심히 했어요. 또 포 돌리는 것만 있는 게 아니라 삽질에 곡괭이에 할 일이 굉장히 많았거든요. 주어진 일들을 닥치는 대로 열심히 하다 보니까 벌 받은 건 하나도 없었고 상만 잔뜩 받았어요. 병적 기록부 상벌란에 기록할 것이 너무 많아 칸이 모자라서 종이를 하나 더 붙였더라고요. 포상 휴가도 많이 갔지요. 말뚝 박으라는 이야기까지 들을 정도였다니까요.

김　군대 생활을 굉장히 특이하게 하셨네요. 선반 작업과 연결할 생각으로 포를 다루는 것을 배우면서 몸을 만드셨다니, 그런 군인이 또 있었을까 싶어요. 제대 이후에는 무엇을 하셨나요?

정 1982년 7월에 제대했는데 그 사이에 '서울의 봄'이 왔잖아요. 입대 전에 제적됐는데 이제 복적이 되었다고 하더라고요. 학과를 선택해야 하는데 제가 속한 인문대에 있는 학과 리스트를 갖다 놓고 아니다 싶은 것을 하나씩 빼다 보니까 마지막에 남은 게 철학과였어요. 그래서 좋은 성적으로 2학년에 복학을 했지요. 하지만 학교에 다니면서도 마음은 다른 데 가 있었어요. 한 학기 남짓 학교를 왔다 갔다 하다가 그해 겨울부터 공장에 다니기 시작했어요. [과연 몸을 만드신 보람이 있었나요?] 당시 '마치코바'라고요. 동네에 있는 조그만 공장에 다녔어요. 맨 처음에 성수동에서 겨울 내내 세 달 정도 근무하고, 그 경력으로 청계천에 진출했는데 사장님들이 제가 한 1년 반 정도 일한 줄 아시더라고요. 그래서 스카우트까지는 아니지만 보조로 들어가 열심히 했어요. 이력서상으로는 제가 고등학교 졸업하고 군대에 갔다온 것으로 되어 있어서 그분들이 막 부려 먹었죠.

조그만 공장이었지만 주문이 들어오는 대로 여러 가지 모형을 만들어야 했기 때문에 숙련된 기술이 필요했어요. 공장주는 그런 일을 2~30년 동안 해 오신 고수였어요. 제 딴에는 최선을 다해 선반을 다루는데, 그분은 신문을 보고 있다가도 "왼쪽으로 돌려야지." 그러셨죠. [보지도 않고요?] 소리만 듣고도 사정을 금방 알아차리는 것이지요. 제가 경력이 짧다 보니 자꾸 사고를 칠수밖에 없었거든요. 거의 다 만들어 놓고 막판에 망가뜨리는 경우가 많았습니다. 어느 날 그분이 저의 서툰 솜씨를 보다 못해 말씀을 하시더라고요. "야, 이런 건 머리를 써야 돼. 넌 중학교도 안 나왔냐?" 그때 '아, 몸으로 일한다는 것이 이렇게 어려운 것이구나' 하고 실감이 났어요.

김　그런데 공장에서 일하는 게 목적이 아니라 더 큰 목적이 있었던 거잖아요.

정　경력을 한 3년 이상 만들어서 큰 공장의 공무과에서 일할 작정이었어요. 공무과란 각 라인에 있는 설비를 보수하는 부서입니다. 그래서 청계천에서 6개월 마저 채운 다음 인천에 있는 큰 공장으로 옮겼죠.

노동운동의 문을 두드리다

한국에서 대학생들이 처음으로 기존 체제에 저항하고 정치적인 목소리를 낸 것은 1960년 4·19 혁명 때였고, 1964년 6월 3일에 한일 회담이 굴욕적인 외교라면서 반대하는 시위가 있었다. 그것을 기준으로 4·19 세대, 63세대라는 명칭이 생겨났다. 이후 1972년 유신 헌법이 공포되자 대학생들의 조직적인 반체제 움직임이 생겨났는데, 정광필 선생이 고등학생 시절 유인물을 뿌린 것도 그런 사회적 기류의 영향을 받은 것으로 볼 수 있다.

1970년대까지의 학생 운동이 민주화를 기치로 내걸었다면, 1980년대에 접어들어 대학생들은 사회주의 이념을 품고 노동자 중심의 혁명을 꿈꾸었다. 그 대장정을 위해서 1980년대에 운동권 대학생이나 졸업생들은 공장으로 들어가 노동자로 살아가는 경우가 꽤 많았다. 학생 출신이라고 해서 '학출'이라는 말로도 불렸다. 물론 자신의 학력을 숨겼고, 경찰의 단속과 추적을 따돌리기 위해 흔히 가명을 썼다. 낮에는 노동자 신분으로 공장에서 일하고 밤에는 조직 운동을 벌이며 변혁의 힘을 키워 가는 것이 그들의 임무였다. 정광필 선생은 그러한 흐름이 시작될 무렵 현장에 들어간 것이다.

한국 사회에서는 학연·지연·혈연이 중요하지만, 학생운동이나 노동운동을 했던 이들에게는 자신이 속해 있던 그룹 속에서 맺어진 인연이 이후 사회생활의 토대가 되는 경우가 많다. 젊은 날에 세상을 바꿔 보겠다는 열정으로 뭉쳤고 새로운 사회에 대한 비전을 공유하면서 지성을 연마하고 의리를 맺었기에, 특히 시민운동에 몸담거나 정치인으로 살아가는 이들에게는 매우 소중한 자산이 되었다고 볼 수 있다. 정광필 선생은 노동운동을 통해서 무엇을 경험하고 배웠을까.

김　그러면 노동운동을 몇 년도에 시작하신 거예요? 구체적으로는 어떤 일을 하셨는지 궁금합니다.

정　1983년에 시작했어요. 처음에는 일선 공장에서 활동하다가 조직이 커지면서 여러 소그룹을 꾸리게 되었어요. 작업이 본격화되니 제가 수배 대상이 되더라고요. 그러다 1987년에 인천 민주노동자연맹(인민노련)이 결성되었어요. 처음에는 제가 인천 지역 책임자였는데 조직이 전국적으로 확대되어 가는 과정에서 전라도, 충청도, 강원도, 경기도까지 맡게 되었습니다.

김   노동운동에서 조직화란 구체적으로 어떤 일인가요?

정   한편으로는 사람들을 모으는 것이었고, 다른 한편으로는 노동조합 등 다양한 형태의 노동운동을 강화하고 활성화시키는 일이었습니다. 동시에 그런 일들을 실질적으로 지휘하고 깊이 있는 전략을 세울 수 있는 별도의 전위 조직을 구상하고 있었죠. 그러다가 대중 조직으로 전환했습니다.

김   그 조직이 지향하는 게 무엇이었나요? 어떤 세상을 만들려고 했고 그 방법은 무엇이었습니까?

정   당시는 1987년 6월 항쟁을 통해 민주화가 되었다고 하지만 여전히 군사 독재가 지속되는 상황이었고 김영삼 대통령의 문민정부가 탄생하기 전 단계였습니다. 기존의 민주 인사나 재야인사가 이야기하는 수준으로는 이 사회가 바뀌긴 어렵다, 실제 노동자들이 중요한 역할을 해야 하고, 할 수 있다는 판단을 했습니다. 그런데 여러 상황을 종합하건대, 혁명적인 상황이 오기는 좀 어렵고 계속 지하 조직 방식으로 대처해서는 대중의 변화를 쫓아가기 힘들겠다 싶어서 공개적인 방식으로 전환하기로 했습니다. 그때가 1992년이었죠. 한국사회주의노동당 창당준비위원회라는 형태로 구체화했고, 그것이 나중에 여러 조직과 통합되면서 민주노동당이 됩니다.

김　그 정당을 통해서 세력을 모아 집권하는 것이 목표였나요?

정　공개적인 정당 활동을 활용해서 집권하는 걸 목표로 한 건데요. 실제로 집권이 가능하다고 본 것은 아니고 조금 긴 호흡으로 활동했어요. 우리 사회의 진보적 움직임들이 하나의 흐름으로 자리 잡게 하고, 그것을 통해서 기존에 있던 다양한 운동들을 지원하는 것이 목표였다고 할 수 있어요. 지금 정의당이 그런 맥락에 있다고 볼 수도 있을 것 같네요.

김　정당 운동까지 통틀어서, 이러한 노동운동이 한국 사회에서 어떤 의미가 있었다고 보세요? 어떤 진보를 만든 거죠?

정　현재 진보라고 여겨지는 세력의 정치사회적 비전과 그것을 실현할 주체를 형성하고자 했다고 볼 수 있어요. 저희가 처음으로 사회주의라는 것을 공론화하고 공식화한 셈인데요. 지금 평가하기는 이를 수도 있지만 가장 아쉬웠던 점이 하나 있습니다. 1990년에 민중당이 등장해서 거의 열 몇 석까지 갔었잖아요. 지지율도 14퍼센트까지 갔었고요. 그때 탄력을 받아서 더 나갔어야 하는데, 소위 주사파가 대거 밀고 들어온 거예요. 그때부터 분파주의가 짙어졌습니다. 당시 우리는 북한 공산당에 대해서 굉장히 비판적이었거든요. 그런데 북한에 호의적인 세력이 합류하면서 기세가 꺾여 버린 거예요. 1990년대에서 2000년대 초반까지 그 추세로 조금만 더 밀고 갔으면 3당 구조로 정립하면서 교섭 단체도 될 수 있었을 텐데, 내부에서 균열이 일어나니까 대중의 지지 기반도 허약해진 거죠.

김　　동구권의 몰락도 그런 흔들림에 영향을 줬으리라고 짐작합니다. 사회주의 붕괴 이후에 노동운동을 하던 분들이 전망을 잃고 많이 방황하신 것으로 알고 있는데요. 선생님은 1990년에 접어들어서 어떠셨어요?

정　　그때는 '기존 방식의 한계라는 게 뭘까?'와 같은 질문들을 조금씩 품고 있었고, 본격적인 고민은 1995년 무렵부터 많이 했어요. 생태 문제나 교육 등에 대해 새롭게 고민하다 보니까 인간에 대한 이해를 다르게 하기 시작했죠. 기존의 정통 맑시즘이라든지 레닌주의에 기초한 틀보다는 훨씬 넓은 틀에서 고민했었던 거 같아요.

김　　그런 고민들을 나눌 수 있던 분들이 가까이 있었나 봐요?

정　　우선 제 처가 저랑 늘 가장 많은 얘기를 하는 사람이었어요. 제가 꼰대 스타일이 아니니까 일을 함께하던 친구들 사이에서도 대화를 나누기 편했던 것 같아요.

김　　2, 30대를 온통 던져서 했던 노동운동의 경험에서 남은 것은 무엇인가요?

정　　노동운동을 하는 과정에서 저는 한 인간으로서 다양하게 단련됐고 성장했다고 봐요. 그리고 좀 넓게 보는 안목을 기르는 계기가 됐던 거 같고요. 하지만 능력이 제한적이라 감당 못한 부분들도 참 많았구나 싶어요. 예를 들면 그때 같이 고생 많이 했던 친구들 가운데는 주어진 삶이 감당이 안 돼서 나자빠지고 좌절을 거듭하면서 나락 속에 빠져 들어간 이들도 많아요. 가정이 해체되거나 병을 얻어서 생을 마감하는 등 안타까운 지경에 처한 후배들도 너무 많고요. 온갖 일들이 있었지요. 그런 것을 떠올리면 부채 의식 같은 것을 갖게 돼요.

김　조직에 상처를 받은 적은 별로 없다고 했는데 혹시 인간에 대한 환멸을 느낀 경우는 없었어요?

정　저는 대부분 왜 그러는지 이해가 됐어요. 주로 기대했던 거와 달라서 환멸을 느끼잖아요. 의외의 상황이 벌어져서 열 받는 경우는 있지만 가만히 생각해 보면 왜 그러는지는 알 것 같아요. [이른바 변절한 사람은 없었나요?] 대개 소영웅주의에 사로잡히거나 자기중심적으로 대처하는 사람들이 그렇게 되었다고 생각해요. 그게 다 싹이 있었던 것이지요. 누구나 마음속에는 여러 가지 마음이 교차하잖아요. 하지만 중요한 결정을 할 때에는 전체를 보고 판단하고 최종적인 결정을 내려야 하죠. 중대한 순간들마다 무엇을 중심으로 보느냐에 따라 결과가 달라질 수 있어요. 안에서 수많은 욕망이 꿈틀대는데, 의사 결정을 할 때 사리사욕에 좌우된다면 그것은 그가 지금까지 영위해 온 삶의 연장선 위에 있다고 할 수 있어요. 중요한 기로에서 어떤 선택을 해 왔느냐에 따라서 결정적인 선택이 이뤄지는 거죠.

김　노동운동을 열정적으로 하셨는데, 어느 때쯤 돼서 할 만큼 했다는 생각이 드셨나요?

정　여러 가지 일이 자꾸 터져서 조용히 넘어가는 게 없더라고요. 젊었을 때는 사고가 자꾸 생기고, 불똥이 꼭 저한테 날아 오더라고요. 그래서 소위 강력 수배 상태에 들어가니 현장에 계 속 있을 수가 없었어요. 잡히지 않도록 현장을 떠나서 활동하다 보니까 큰 조직을 만들어 가는 조직가 역할을 주로 하게 된 거 같아요. 당시 전국에 있는 많은 노동운동 조직들을 통합하는 과 정에서 중요한 역할을 했습니다. 수배 상태에서 조직 만드는 작 업을 하면서 옮겨 다니는 데는 낚시꾼이 참 좋습니다. 예를 들면 원주의 저수지 하나를 잡고 하루는 춘천, 홍천 팀 만나고 다음날 태백, 정선 팀 만나고 마지막 날 원주 팀 만난 다음에 낚시 짐 싸 들고 옮기는 식이었어요.

이런 활동이 2년, 3년 넘어가면서 정당 운동을 해야 한다는 강력한 요구가 들어오기 시작했어요. 사실 저랑 가장 친한 친구 가 노회찬입니다. 고등학교 동기이기도 하고 방금 말했던 과정 을 함께했던 친구였는데, 노동운동이 정치적 영역으로 나아가 야 하는 단계에서 저의 고민이 깊어졌습니다. 제가 정치적인 자 질이 좀 부족해요. 예를 들면 어떤 상황에서도 속내를 드러내지 않고 좋은 말만 하고 넉살 좋게 굴고 뺀질거릴 줄도 알아야 하는 데, 저는 그게 잘 안 돼요. 속에 없는 소리 하는 건 무척 싫어하 고 나서는 것도 별로 안 좋아해요. 이렇듯 정치인으로서의 자질 이 부족한데 제가 그 큰 조직의 사무총장까지 맡았었지요. 갈등 이 많을 수밖에요. 다른 사람들이 나서도록 다 시키면서 제가 전 면에 안 나서기도 곤란하고, 그런데 그것이 도대체 제 성미에 맞지 않고….

1995년에서 1996년 사이에 이런 고민을 하다가 용단을 내렸습니다. 내가 세상에 관심이 많고 정치도 중요하긴 하지만 내가 정치에 적합한 것은 아니라면 무엇을 할 수 있을까를 고민해 보니, 사람들에게 뭔가를 함께하자고 제안하면서 마음을 사로잡는 일을 잘했던 것 같아요. 생각해 보면 교육이란 것과 비슷하더라고요. 아이들 마음을 사로잡아서 삶이 변화하게 하고 그렇게 달라진 아이들이 뭔가를 하도록 북돋는 것이 교육이잖아요. 그래서 긴 호흡으로 새롭게 할 수 있는 일로 교육을 생각하고 준비하기 시작했어요.

김　그런데 교육이라고 해도 노동교육이 있을 수 있잖아요. 현장에서 말이에요. 그런데 공교육이라는 전혀 다른 분야를 선택하셨어요.

정　저는 노동운동이 중요해서가 아니라 세상을 바꾸기 위해서 노동운동을 했어요. 그런데 이제 노동운동의 중심이 정치 쪽으로 이동했고, 정치라는 영역은 내게 맞지 않는다, 그러면 뭘 할까? 교육을 통해서 세상을 바꾸는 쪽으로 접근을 해 보자, 이렇게 정리가 된 것입니다.

김　다시 노동운동의 현장으로 갈 수도 있었잖아요. 그건 이제 너무 나이가 들어서 어려웠나요?

정　현장에서 어떤 역할을 하기에는 한계가 있었어요. 간부나 해야 하는데 그러기는 싫었거든요. 그리고 이제 돌아보니까 좀 느껴지는 건데, 제가 뭔가를 새로 시작하는 걸 좋아하는 듯 해요.

교육 운동으로의 전환

김 이우학교 이야기로 넘어가죠. 이우학교는 2003년에 설립되었습니다. 그때부터 많은 부모들의 관심을 끌었고 지금도 경쟁률이 나름 치열한 학교인데, 어떤 걸 구상하셨나요? 노동에서 교육이라는 전혀 다른 쪽으로 전환하신 건데 학교 교육에 대한 문제의식이 그동안 쭉 있었나요?

정 없었어요. 1996년도부터 고민을 시작한 거예요. 전부터 조금씩 이 생각 저 생각을 하고는 있었지만 집중한 건 1년 정도였어요. 교육을 통해서 세상을 좀 바꿔 보자고 마음을 정한 거죠. 흔히 왜 학교를 만들게 되었냐고 물으면 아이들이 눈에 들어왔다고 답을 하는 분들이 많은데, 제 경우는 좀 달랐습니다. 〈행복은 성적순이 아니잖아요〉 같은 영화가 나오고 1990년대에 청소년이 자살하는 일이 늘면서 여러 가지 교육적 담론이 일어나고 있었을 때, 저는 애들을 구할 수 있는 방법에도 관심이 있었지만 더 큰 목표가 있었어요. 저 나름대로 생각하고 고민했던 방향에서 본다면 '어떻게 하면 교육을 통해서 세상이 따뜻하게 바뀔까'라는 문제의식이었다고 할 수 있습니다.

그래서 여러 가지 조사도 해 보고 이런저런 학교들도 찾아가 봤어요. 그러면서 느꼈던 건데, 당시에는 우리나라에서 학교라는 곳에 대한 기대가 좀 낮았던 거 같아요. 쉽게 말하면 대학 진학을 위한 코스에 지나지 않더라고요. 그래서 이것을 어떻게 바꿀까 고민하던 끝에 전형적인 단위 학교 차원에서 모델 하나를 만들어 보고 그걸 확산시켜 가는 방식을 생각해 냈습니다. 1997년부터 사람들을 모으고 준비해서 분당에다 이우학교를 세우게 됐죠. 본래 2002년에 개교할 작정이었는데, 교육청과 협의하는 과정이 늦어져서 2003년에 열었어요.

김　　학교를 만들겠다고 할 때, 자신의 구체적인 경험에서 우러나오는 학교상이 원형처럼 깔려 있으리라고 짐작해요. 학창 시절에 '정말 이런 게 학교지'라고 이야기할 만큼의 좋은 교육을 받아 보았다면 그것이 모델이 될 수 있을 테지요. 정반대로 부정적인 경험이 동기로 작용할 수도 있을 텐데요. '도대체 이게 학교냐?'와 같은 분노 말입니다. 내가 경험하지 못한 학교다운 학교를 꼭 만들어 후세를 키우고 싶다는 열망이라고 할까요. 어떤 면에서든 선생님의 학교 경험이 이 운동에 반영이 됐는지요?

정　　돌아봐도 그런 건 별로 없어요. 1990년대 중반 당시에 의미 있다고 여겨진 우리나라의 학교들이나 외국의 사례들을 조사해 보니, 대안 교육에 대한 관심이 많더라고요. 그래서 그쪽의 여러 가지 시도를 검토하면서 학교의 밑그림을 그려 보려고 했답니다. 그런데 설립된 대안 학교들을 자세히 살펴보니 학교가 너무 시골에 있다, 너무 특수하다, 너무 작다, 그리고 비인가에 기숙사 형태로 한정되어 있다는 점을 알게 되었습니다. 저는 여러 가능성을 다 생각한 끝에, 거꾸로 대도시에 어느 정도 규모가 큰 정규학교를 만들어야겠다고 마음먹었습니다. 법을 꼼꼼히 분석해 보니까 이른바 정규 대안 학교라고 불리는 특성화 중고등학교가 자율권을 조금 갖고 있어서 융통성이 있겠더라고요. 그래서 거기에 초점을 맞췄어요.

참 재미있는 것은요. 저희 나름대로는 이런 문제의식을 가지고 하나의 공교육 개혁 모델을 만들기 위해 세운 학교인데, 일반 학교에서는 이우학교를 대안 학교라고 하고, 반면에 대안 학교에서는 이우학교를 공교육 쪽에 가깝다고 보더라고요. 저희는 나름의 방식대로 전혀 새로운 범주를 만든 것인데, 어떻게 보면 양쪽에서 상반된 관점으로 해석해 준 대로 자리매김하게 된 것 같아요.

김　'저희'라고 하셨는데 어떤 분들이 함께하셨나요?

정　뜻을 함께하고 추진에 힘을 보탤 사람들을 모았지요. 우선은 위에서 말씀드린 문제의식에 공감할 것, 그리고 교육적 능력과 열정이 있는가를 기준으로 했어요. 사람을 광범위하게 추리긴 했지만, 예전에 노동운동에 관여했던 분들이 상당수였죠. 그 다음엔 그들을 통해서 주변에 괜찮은 분들을 추천받아 모았습니다. 재정적인 과제가 워낙 막중하니까 온갖 방법으로 그동안의 인맥 네트워크를 최대로 가동한 거죠. 그렇게 해서 모인 인력이 이른바 교육의 역량을 끌어올리는 토대가 되었고, 설립에 필요한 자원의 폭도 넓혔다고 볼 수 있어요.

김　그게 전에 원래 맺어져 있던 인연·학연·지연 등을 중심으로 모였는지, 아니면 새로 일하겠다고 하신 분들을 모은 건지요.

정　처음에 시작한 분들은 제가 이렇게 저렇게 관계를 맺어 온 분들이었는데, 아무래도 그렇게 하다 보면 너무 특수하게 구성되잖아요. 그래서 오히려 그분들을 통해 2차, 3차로 소개받고 공모도 하고 그랬어요. 교사의 구성도 그런 원칙을 따랐죠. 저희가 규모가 좀 있는 학교라서 40명 가까이 교사가 필요했는데 크게 세 가지 범주로 구성했습니다. 기존의 학교에 재직한 경험이 있는 분들 3분의 1, 전혀 경험이 없는 젊은 분들 3분의 1, 나머지 3분의 1은 교육이 아닌 분야에서 다양한 세상 경험을 했던 분들로요. 첫 번째 범주는 학교라는 틀 안에서 공식적으로 필요한 조직을 감당할 수 있는 인력이 필요했기 때문이고, 그런데 그분들만으로 시작해서 지속하다 보면 학교가 양로원처럼 되니까 꾸준하게 세대 교체하면서 순환시키기 위해 젊은 선생님을 모셨고, 기존의 학교 개념에 갇혀서는 학교를 바꿀 수가 없다고 보았기 때문에 나머지 3분의 1을 다양한 경험을 한 분들로 모셨어요.

김　꽤 면밀하게 고려해서 구성하셨네요. 그런데 우리 사회에서는 뜻이 있는 사람들은 돈이 없고, 돈이 있는 사람들은 뜻이 없고 그렇잖아요. 이 프로젝트의 경우 돈이 중요하고 마련하기 어려웠으리라 짐작되는데 전부 얼마나 들었어요?

정   처음에 한 60억 생각하고 시작했는데 최종적으로 보니까 120억 정도 든 거 같아요. [어떻게 모으신 건가요?] 남들은 돈 많은 사람들의 기부를 받았으리라고 생각하는데 그렇지 않아요. 처음에 땅 계약에 필요한 5천만 원을 제가 준비했어요. 그 다음에 그냥 좋은 학교 하나 만드는 게 아니라 교육의 틀을 바꿔 보자는 취지를 내세웠습니다. 1990년대 말, 2000년대 초는 교육에 대한 고민들만 많고 학교에는 희망이 안 보이는 상황이었기 때문에 저희의 취지에 공감하고 호응해 준 분들이 많았어요. 80명 정도로 시작해서 지금은 120명 정도까지 늘어났는데, '이우교육공동체'라는 모임에서 설립 자금을 모으고 학교를 설립했어요. 지나고 보니까 돈이 있어서 일을 하는 게 아닌 거 같아요. 돈 있는 사람들은 대개 뜻이 다른 데로 많이 가더라고요. 오히려 현실성 있는 비전과 실현할 수 있는 구체적인 안을 갖고 풀어 갈 때 설득력이 있어서 돈이 따라오는 거 같아요.

김   돈을 낸 분이 120명이고, 전부 120억을 모았으면 한 분이 1억씩 낸 셈이네요?

정   120억을 전부 책임진 게 아니라, 중간에 경기도, 성남시, 교육청에서도 지원해 줬어요. 결국 저희가 감당한 건 한 70퍼센트 정도였지요. 물론 몇몇 분들이 조금 많이 내기도 했고요. 일단 학교를 지어야만 설립 인가가 나오니까 처음에는 돈이 많이 들었어요. 빚을 낼 수밖에 없었는데, 학교를 설립하는 주체인 법인이 빚을 질 수는 없어요. 그래서 몇몇 사람들이 땅이나 집을 저당 잡히고 개인 빚으로 돌려 34억 원을 마련했습니다. 13년 동안 쭉 갚아서 지금은 한 1억 6천 정도 남았더라고요. 나머지 돈도 어떻게든 갚을 수 있는 상황이긴 한데, 일부러라도 후대에 유산으로 남겨서 의미를 전달하자고 뜻을 모았습니다. 우리끼리 하는 말로, 빚을 모두 갚기 전까지 헤어질 수 없는 부채 공동체로 있기 위해서 1억 몇 천은 계속 유지해 볼 생각입니다.

이우학교
– 사람을 키워 내는 학교를 만들다

한국 사회에서 대안 교육 운동이 출현한 것은 1990년대 중반 무렵이었는데, 거의 모두가 제도권 바깥에서 소규모 학교 형태로 벌어졌다. 기존 국가 주도의 공교육에 대한 근본적인 비판 의식에서 출발했기에 비인가 학교로 가는 것은 당연했다고도 볼 수 있다. 그리고 국가의 재정 지원을 받지 않고 민간의 자원만으로 학교를 운영하려면 규모에 제약을 받을 수밖에 없다. 이러한 시도는 교육의 본연을 되묻는다는 차원에서 큰 의미가 있지만, 영향력을 널리 끼치는 데 한계가 있었다.

그런 점에서 이우학교의 도전은 획기적이었다고 할 수 있다. 일정

한 규모의 단위 학교를 공교육의 틀 안에서 설립하되, 순수하게 민간의 힘으로 세운다는 것은 막대한 작업이기 때문이다. 원래 돈이 있는 재단 없이, 뜻을 함께한 시민들의 십시일반으로 성사해 냈기에 더욱 값지다. 도전이 성공하려면 비전에 대한 깊은 공감과 확신도 있어야 하지만, 그보다 중요한 것은 일을 추진하는 주체에 대한 절대적 신뢰라고 할 수 있다. 정광필 선생은 큰 그림을 직접 그리면서 사람들을 설득하고 참여를 이끌어 낸 주역이다.

학교를 세운 후에는 본래의 취지에 맞게 자리 잡게 하고 틀을 안정시켜야 한다는 어려운 작업이 남는다. 학교는 다른 조직과 달리 교육하는 곳이기에 체계가 흔들리면 그 피해가 학생들에게 직접 간다. 애당초의 원대한 비전을 고수하면서도 구체적으로 실현하는 것이 중요한데, 이우학교의 경우 교사 구성에서부터 학생 선발, 학사 운영 그리고 교육청과의 관계 맺기까지 모든 면에서 섬세하고 치밀하게 접근했다. 이러한 접근 하나하나에는 사람을 키워 내는 학교에 대한 분명한 상像과 정광필 선생의 생애를 꿰뚫는 철학이 담겨 있다.

김　학교를 통해서 교육 전체를 바꾸겠다는 건 어마어마한 일인데 가장 핵심은 뭐였나요? 무엇을 지렛대로 삼아 교육의 변화를 꾀하셨습니까?

정　당시 우리 사회에는 학교에서 아이들이 바뀌고 성장한다는 기대가 없었습니다. 학교라는 데는 진학을 위해 거쳐야 하는, 졸업장을 받기 위해 애들을 거의 강제 노역 시키듯 버티게 하는 곳이었잖아요. 다른 데에서 놀 수가 없으니까 친구들 만나러 가는 것일 수도 있죠. 아이들 입장에서는 말입니다. 그런데 우리 사회에 필요한 것은 학교에서 아이들이 성장하며 기른 힘으로 무엇을 하게 만드는 교육이잖아요. 그 교육이 가능하다는 것을 증명하고 싶었습니다. 선생님이 훌륭해야 아이들이 제대로 된 교육을 받는다는 이야기를 많이 해 왔는데요. 그렇게 해서는 좋은 교육이 안정적으로 유지될 수 없다고 생각했습니다. 한 학교 전체가 일관된 교육철학을 가지고 함께 움직일 때 실질적인 변화가 가능하다고 보았어요. 그리고 이 변화를 하나의 전형적인 사례로 보여 주면, 이론이 아니라 사례인 만큼 다른 데서 따라 하기 쉬울 것이라고 본 거죠.

김   그것을 추진한 동력은 교사였다고 보면 되나요?

정   저희는 선생님들이 이우학교를 나의 학교이고 나의 철학과 교육을 실현해 가는 곳이라고 생각하고, 함께 결정하고 판단해서 추진해 가는 방식이 중요하다고 봤습니다. 중학교와 고등학교를 합해 6개 학년이 있는데, 학년 자치를 강화해서 선생님들이 학년별 주요 학생 지도나 학생 생활 규칙까지도 직접 정하게 했어요. 학교의 교육 활동에 관련된 방침과 그것을 둘러싼 중요한 결정도 선생님들에게 맡겼지요. 정말로 선생님들이 책임지고 자기의 일처럼 할 수 있도록 견지했고, 그랬던 만큼 효과가 있었던 것 같아요.

김   교장의 역할은 무엇이라고 생각하셨어요?

정　우선은 학교의 기본 철학, 방향, 교육 이념과 같은 내용들을 추상적인 언어가 아니라 구체적인 내용들로 실현할 수 있는 안목이 필요하다고 보았어요. 그래서 시시콜콜하게 이야기하기보다 큰 방향을 잡으면서도 거기에 멈추지 않고 그것이 구체적으로 어떻게 실현될 수 있는지를 보여 줘야 한다고 생각했습니다. 또 하나는 방금 언급했던 운영에 관한 것인데요. 형식적이고 관료적으로 접근하는 것이 아니라, 운영에 참여하는 선생님들, 아이들, 부모님들이 자기 일처럼 함께하는 풍토와 문화를 만들어 내는 역할을 해야 한다고 봅니다.

김　교장 1, 2기, 그러니까 8년을 재직하셨습니다. 처음에 의도하신 목표를 어느 정도 이뤘다고 보시나요? 물론 현재 진행형이겠지만, '이우교육 공동체'가 의도했던 변화의 바람을 어느 정도 불러일으켰다고 평가하시는지요.

정　제가 2003년 개교 때부터 2011년까지 재직했는데 그 사이에 일어났던 중요한 변화는 이우학교의 교육적 의미나 여러 가지 시도들이 개별 단위 학교에 머물지 않았다는 점입니다. 저희 학교 같은 사례가 별로 없다 보니까, 2006년 무렵부터 전국에서 선생님들이 방문했어요. 한 해에 1,000명씩 오더니 나중에는 약 2,500명씩 오더라고요. 이우학교는 외부인이 어떤 시간에 방문하더라도 어느 교실에서 어느 수업이든 볼 수 있도록 했어요. 이런 학교는 그동안 없었죠. 이른바 공개 수업 한다고 모양내서 보여 주는 방식이 아니라 미리 연락해서 얘기만 되면 어떤 수업이든 열어 준 거예요. 그러니까 엄청 몰려왔죠. 저희 나름대로는 의도가 있었던 건데, 이 방식이 적지 않은 영향을 주었다고 봅니다. 2009~2010년에 걸쳐 이우학교가 이른바 혁신 학교의 중요한 모델이 된 거예요.

이후 혁신 학교가 하나의 제도로 정착되고 확산돼서 지금까지 약 1,000개 정도가 되었어요. 물론 이름뿐이거나 예산을 지원받으려고 하는 혁신 학교도 있겠지만 적어도 100개 정도는 가서 보고 배울 만한 모델들이 된 거거든요. 이런 점에서 보면 저희가 처음에 꿈꿨던, 공교육 개혁의 모델을 만들자는 목표는 어느 정도 실현된 듯해요. 다만 전국에 혁신 학교들이 확산되다 보니까 요새는 많이 안 와요. 이제는 가까운 곳에 저희보다 더 전형적일 수 있는 공립 혁신 학교들이 생겼으니까요. 저희는 한 10년차에 접어들면서부터 다시금 새로운 역할에 대해 고민하기 시작하게 된 거죠.

김 여기까지가 선생님의 생에서 2라운드쯤 되는 지점인데요. 노동운동도 그렇고 교육 운동도 그렇고, 새로운 것을 개척할 때는 엄청난 난관이 있었을 테고 가끔 불안에 휩싸이고 때론 후회스러운 일도 있지 않았을까 짐작이 됩니다. 하지만 그 모든 걸 무릅쓰고 이렇게 밀어붙일 수 있는 힘은 뭐였나요?

정 지금 짧은 시간에 얘기하다 보니까 좋은 얘기, 들려주고 싶은 얘기만 한 측면도 좀 있는 것 같아요. 사연은 참 많습니다. 비인가 학교는 그냥 땅 사서 집 짓고 거기에서 시작하면 되지만,

저희는 교육청 인가를 받아야 하는 학교였어요. 이렇게 되면 이야기가 매우 복잡해지지요. 학교 부지가 성남시 분당구였으니까 분당구청이 땅을 학교 용지로 지정하도록 용도 변경 신청을 해야 했고, 다음으로는 도시 계획과 관련된 일을 건설교통부에서 처리해 줘야 했어요.

가장 어려웠던 일은 교육청에서 설립 인가를 받는 절차였습니다. 제가 처음에 교육청에 찾아갔더니 저를 토지 브로커로 보더라고요. 예를 들면 사립학교들이 학교를 짓고 옮기는 과정에서 기존의 보전 녹지 같은 걸 학교 용도로 바꾸는 경우가 있어요. 그러면 땅값이 열 배, 스무 배 뛰죠. 저를 그런 투기꾼으로 오해하는 경우가 왕왕 있었어요. 그러다 보니 도시계획위원회에서 부결됐다가 수정해서 통과되는 일이 많았고요. 또 학교 건물을 짓다 보면 돈이 모자라는 상황에 처하게 되는데요, 건축업자도 먹고사는 일인데 보장이 없으니까 공사를 중단해서 교육청의 절차에 날짜를 못 맞추는 일도 있었지요.

하지만 난관들을 뛰어넘을 수 있도록 해 주는 고무적인 일도 있었어요. 설립 자금을 모을 때, 아주 귀한 인물들이 합류해 주셨습니다. 우리가 사사로이 돈이나 좀 벌려고 또는 근사한 일 한 건 하려고 일을 벌였으면 결코 인연을 맺지 못했을 것 같아요. 그런데 이 일이 달랑 사립학교 하나 세우는 게 아니라, 그보다 훨씬 원대한 비전을 품고 있음을 알 만한 사람들은 알아봐 준 것이지요. 그러다 보니까 예상하지 못한 타이밍에 정말 귀한 분들이 나타난 경우가 참 많더라고요. 예를 들면 학교 설립 과정에서는 이명현 교육부 장관이나 강지원 변호사께서 거의 발 벗고 나서서 도와주셨고, 그 외에도 티내지 않고 조용히 챙겨 준 관료들이 꽤 많아요. 관료들이 영혼이 없다고 하는데 사람에게는 반드시 영혼이 있습니다.

추진 과정에서 이런 저런 어려움에 봉착하지만, 뜻이 분명하고 그것을 실현할 현실적인 안이 제시되면 힘이 붙을 수밖에 없다고 생각합니다. 안이 애매하거나 갈 길이 모호하거나 그럴 때 온갖 걸림돌이 드러나죠. 특히 추진하는 사람들이 사사로운 마음으로 임할 때 되는 일이 없어요. [사심을 갖고 뛰어든 사람이 없었나요?] 있었다고 생각해요. 그런데 중요한 것은 조직의 문화거든요. 저도 사심에서 완전히 자유로울 수 있었겠어요? 그런데 무엇을 결정하고 하나씩 추진하는 과정에서 각자 마음속에 있는 선한 의지를 움직이도록 하는 문화가 형성되어 간 것 같아요. 조직과 문화의 기류가 그렇게 잡히면 돈을 내놓게 돼요. 좀 생뚱맞게 들릴지 모르지만, 재밌는 일이 있을 거 같은 기대감이 분위기를 만드는 거죠. 다른 한편으로는 전면에서 지휘하는 제가 너무 걱정이 없는 성격이고요.

김   운도 좋았다고 보세요?

정   네. 정세도 좋았지요. 예를 들면 백 몇십억이 소요되는 일인데 제가 개인적으로 준비한 돈은 5천만 원밖에 없었어요. 2003년 개교라서 땅 매입, 학교 시설 공사에 들어갈 대금이 줄

줄이 있었는데, 2001년, 2002년 사이에 몇십억 원을 마련했어요. 한국 경기가 있을 때마다 재정위원회가 축구 보면서 회의를 했거든요. 2002년 월드컵에서 우리나라가 연전연승하면서 돈이 모인 거예요. 사회적 분위기가 할 수 있다는 자신감으로 충만했고, 그 기세 속에서 우리 일도 비교적 순조롭게 풀려 간 듯해요.

김　아무리 설득력 있는 비전을 제시하고 올바른 방향을 보여 준다고 해도 몇십억 원을 모은다는 것은 보통 일이 아니지요. 사람들 사이에 신뢰가 없으면 일이 진행될 수 없는데, 그 신뢰는 어떻게 구축된 거예요?

정　지난 몇십 년의 세월과 관련 있다고 생각해요. 사실 미친 짓이거든요. 말도 안 되잖아요. 돈 많은 사람들이 열 명 정도 있었지만, 기본적으로 80명 정도가 돈을 냈어요. 몇천만 원씩 낸 사람은 많지 않고 다들 그 이상으로 냈는데 그분들이 돈이 많았던 게 아니었거든요. 그러니까 전 재산을 다 내놓은 거예요. 단순히 아이에 대한 욕심만 있었던 게 아니었던 거죠. 1990년대 말, 2000년대 초에 한국의 교육을 크게 바라보면서 우리가 표방한 뜻과 실행 계획에 공감을 했고 소명감 같은 것을 널리 공유했던 게 아닌가 싶어요. 또 배짱이 맞는 사람들이 서로를 바라보는 재미가 있어서 기세가 올랐던 것 같아요.

김　그런데 사심 없이 하신다 해도 일을 하다 보면 꼭 뒷말이 나오고 이상한 소문이 돌 때도 있잖아요.

정　일일이 대응하지 않아요. 지나고 나면 진실이 자연스럽게 다 드러날 테니까요. 저는 자신감과 배짱이 있는 거 같아요. 조직이 크면 그만큼 여러 가지 뒷얘기가 나오고 이런저런 문제가 생겨날 수 있는데, 대세에 지장을 주지 않는 경우가 대부분이에요. 문제가 되는 까닭은 그런 것 가지고 아웅다웅하느라고 일이 꼬이고 시끄러워지는 거예요. 20대, 30대 때 조직에서 활동한 경험이 있어서 그런지 작은 일들에 연연해하지 않는 게 비교적 쉬웠던 거 같아요. 주변 선생님들에게서 또 교육계에서 흔히 보는 답답한 일은 시시비비에 너무 매달려서 힘을 빼는 것입니다. 잘못된 것을 참지 못하고, 자기가 보기에 아닌 것을 누군가 그렇다고 주장하면 견디지 못해요. 그런데 시시비비란 당시에는 중요해 보이지만 길게 보면 아무것도 아니거든요. 긴 호흡으로 결국 해낼 수 있는 과정이 중요하고, 도중에 골치 아픈 일이 생기면 그걸 잘 활용해서 오히려 한 건 만들 수도 있어요. 그런 점에서 저는 무슨 일이 터지면 좋아해요. 무사태평한 것을 심심해하고 걱정하죠.

김　이우학교를 기획하고 추진하신 입장에서, 어느 단계에 이르렀을 때 이제 할 만큼 했다고 판단해서 정리하셨는지요.

정　제가 밖에 있으면서 공동 창립자 입장에서 이우학교를 평가해 보니, 애당초 꿈꿨던 공교육 개혁의 모델이라는 역할을 한 것 같았어요. 이제 많은 학교들이 생겼고 뭔가 해낼 수 있는 단계에 왔다고 봤죠. 그런데 거꾸로 보면 이우학교가 혁신 학교의 모델 노릇을 했다고는 해도, 사실 특별한 것은 아니라는 생각이 들었어요. 학교와 선생님이 당연히 해야 될 걸 한 거지 대단한 것을 한 건 아니거든요. 현재와 같은 수준으로 열심히 한다고 해서 우리가 아이들에 대한 책임을 다 했다고 볼 수 있는가? 이런 고민이 들었어요.

우리가 주로 10대 아이들을 만나는데 이들이 40대에 사회의 주역으로 뛰게 되잖아요. 대충 30년 후인데, 그때의 세상은 지금 우리가 이해하고 경험했던 것과 전혀 다르겠지요. 어찌 보면 교육은 우리가 이전에 배웠고 축적해 왔던 것들을 잘 정리해서 아이들에게 전달하는 것일 수도 있어요. 그런데 아무리 잘 전달해도 아이들은 세상을 살아가면서 전달받은 것으로 대응할 수 없는 문제에 부딪힐 것입니다. 이우학교 차원에서도 이 문제를 조금 구체적으로 고민하면서, 그동안 해 왔던 역할을 공립 혁신 학교에 맡기고 새로운 과제를 향해 전환을 하고 있어요. 미래의 새로운 교육을 위해 이우학교가 아예 발상을 달리 해서 실험과 상상의 플랫폼이 돼 보자는 이야기를 하고 있죠. 저도 같은 문제의식을 가지고 다른 학교들 견학하면서 여러 가지를 고민하기 시작했어요.

바람의 학교
– 진짜 '선수'들과의 만남

이우학교는 백지 위에서 시작된 프로젝트지만 짧은 시간 안에 나름의 위상을 확보했다고 평가받는다. 그리고 지금 학교가 어떻게 달라져야 하는지를 구체적인 사례로 보여 줌으로써, 경기도교육청에서 시작된 혁신 학교의 줄기세포 같은 역할을 해냈다. 학생들이 배우고 성장한다는 것에 대한 폭넓은 사유와 다각적인 실험이 있었기 때문이다. 이우학교의 메시지와 성과는 주로 다른 학교 교사들의 방문 및 견학, 교육청의 혁신 학교 추진을 통해 전파되었다.

한편 정광필 선생은 이우학교에서의 농밀한 경험을 토대로 SBS와 함께 〈바람의 학교〉라는 이색적인 프로젝트를 추진한다. 배움에서 매우 멀리 떨어져 있는 청소년들을 초대해서 한 달 동안 학교를 운영하는 내용이었는데, 성장 과정에서 기본적인 돌봄을 받지 못해 자존감이 극도로 빈약한 10대들이 장기간 공동체 생활을 하며 좌충우돌하는 모습을 담았다. 프로그램은 방영 이후 적지 않은 반향을 불러일으켰다. 특히 아이들이 자아를 새롭게 대면하고 변화와 성장의 실마리를 찾아 가는 과정, 그 과정에 교사가 어떤 방식으로 접속하고 동기를 북돋을 수 있는지 등에 대해 다각도로 시사점을 주었다.

이우학교가 설립된 당시만 해도, 기존의 공교육에 답답함을 느끼면서 자신의 꿈과 끼를 펼치고자 학교를 그만두고 새로운 진로를 찾는 10대들이 꽤 있었다. 하지만 그 이후 경제가 더욱 나빠지고 가족 해체가 심각해지면서 삶이 무너지는 청소년들이 빠르게 늘어났다. 대안 교육에서도 그러한 경향이 반영되어 '탈학교 청소년'보다 '학업 중단 청소년'이라는 말을 더 많이 쓰게 되었다. 이러한 상황이 지금까지 지속되고 있다는 점에서 〈바람의 학교〉는 시의적절한 프로젝트였다고 본다. 정광필 선생의 이우학교 경험은 이 프로젝트에 어떻게 녹아들었을까?

김 이우학교에서 지내신 8년은 선생님이 예정하셨던 계획이었나요? 이전부터 사임 이후의 행보를 준비하고 계셨던 거예요?

정 아니요. 안 했어요. 곽노현 교육감이 보자고 해서 갔더니 자기를 좀 도와달라고 해서 그 일에 1년 정도 묶여 있었어요. 혁신학교자문위원회로 시작해서 나중에는 비서실장으로 일을 했는데, 교육감이 도중에 사퇴하는 바람에 저도 그만두게 됐죠.

김 교육청 일을 접고 난 다음에 하신 일은 무엇이었나요?

정 제가 교육청 들어가기 전에도 그랬고 나와서도 그렇고 주로 한 게 뭐냐면, 교육청 및 학교들을 대상으로 하는 지원, 강의, 컨설팅 등이었어요. 그러던 중에 SBS에서 창사 특집으로 다큐멘터리를 함께 만들자는 제안이 왔어요. 전국에 있는 학교에서 어려운 아이들, 특히 고1 아이들과 한 달 동안 합숙하면서 프로젝트 학교를 한번 해 보자는 거예요. 이전에 EBS가 이우학교를 특집으로 찍기도 했는데 자꾸 언론에 나가고 하는 게 좀 불편했어요. 하지만 제가 여기서 두 시간, 세 시간 말로 강의해 봐야 선생님들이 쉽게 바뀌지 않거든요. 그래서 시범을 한번 보이고 이 기회에 기본적인 것들을 아예 정리해 보자는 생각을 했어요. 담당자들과 만나 4개월 동안 준비를 했죠. 그리고 전국의 고등학교 1학년들 가운데 가장 어려운 아이들을 선발했어요.

김   어떤 점이 어려운 아이들이었나요?

정   본인도 힘들지만 선생님도 힘들고 부모님도 힘든 애들 많잖아요. '선수들'을 좀 모아 봤죠. 그리고 제주도에 있는 유채꽃 플라자에 장소를 마련했어요. 인근 4킬로미터 이내에 집이 하나도 없는 곳인데 거기에서 한 달 동안 함께 지내면서 이 아이들이 어떻게 바뀌는지를 영상으로 담아냈죠. 연출이나 시나리오는 일절 없는 조건으로 꼬박 29박 30일을 달렸어요.

김   학생과 교사는 몇 명이었어요? 그리고 한 달 동안 가장 염두에 두신 것은 무엇이었나요?

정   학생 16명, 교사는 4명이었는데요, 거기서 무엇을 가르친다는 건 의미가 없었어요. 자신이 어떤 삶을 살아갈 것인지 고민하면서 깨어나게 하는 게 목표였죠. 스스로 무엇인가 할 수 있는 힘을 어떻게 만들까? 그렇게 하려면 가장 중요한 것은 무엇일까? 이걸 생각했습니다. 아이들은 누구나 공부도 하고 싶고 멋있고 폼 나는 활동도 하고 싶어 합니다. 그런데 안 되는 거예요. 아니면 능력을 다 갖추었지만 온갖 사건과 굴곡을 겪다 보니까 찌그러져 있거나 무기력해져 있는 경우가 많았어요.

이런 아이들을 어떻게 깨울지 고민하면서, 저희는 몇 가지를 준비했어요. 우선 아이들 스스로 자기를 찾아보는 것이 중요하겠다 싶어서 오이디푸스 신화를 가져왔어요. 《오이디푸스 왕》을 함께 읽고 생각을 나누기로 했습니다. 그 책에 진한 이야기가 있잖아요. 아버지를 죽이는 이야기, 결국 자신의 거역할 수 없는 운명을 마주하는 용기 등 여러 맥락을 짚으며 자기 얘기로 연결하는 시간을 준비했습니다. 시나리오를 재구성해서 연극을 준비하는 과정 중에 온갖 일이 벌어지는데, 그 일들을 통해 자치회 구성 등 몇 가지 과제를 함께 풀어 나가죠.

김　작업을 진행하면서 아이들에게 선생님은 어떤 존재였는지, 아이들과 함께하는 장을 여는 데 선생님의 인생 경험이 어떻게 녹아들었는지 듣고 싶어요. 꼭 아이들한테 직접적인 메시지로 전달한 것이 아니라고 할지라도요.

정　우선 제 입장에서는 어려운 아이들이 예뻐 보여요. 대개 선생님들은 저놈만 없으면 우리 반에 평화가 올 것 같고 전학이나 가 줬으면 하고 바라는 아이들을 굉장히 부담스러워 합니다. 노련한 교사들은 마음에 없어도 좋은 말로 다독여 보려 하지만 아이들은 귀신같이 알아차려요. 자기를 정말로 좋아하는지, 아니면 좋아하는 척하는지를 기가 막히게 간파하죠. 그러니까 그런 식의 접근은 씨알도 안 먹힙니다. 제가 그동안의 경험으로 느꼈던 것은, 아이들이 갖고 있는 야성이란 뭔가 말하고 싶은 것이 있는데 표현이 서툴러서 나온 결과일 뿐이라는 점입니다. 쉽게 말하면 예의 바르게 길들여지지 않고 거친 내면을 분출하는 모습이거든요. 그런데 제가 보기에는 이런 시대를, 또 앞으로 긴 호흡으로 미래를 살아가는 데는 야성이 오히려 자기의 길을 정해 가는 힘이 될 수 있다고 생각해요.

문제는 아이들의 마음이 그렇다는 속사정을 알아주는 게 제일 어렵다는 것이지요. 제가 선생님들에게 이런 말을 할 때가 있어요. 감당 안 되고 가장 골치 아프다고 생각되는 아이들을 한 방에 딱 가라앉히는 방법이 있다고요. 우스갯소리처럼 말하는데, 가장 쉬운 방법은 그 아이들을 정말 좋아하는 마음으로 그윽하게 쳐다봐 주는 것이라고 말합니다. 아이들은 금세 알아보고 이내 가라앉아요. 그렇게 마음이 통하니까 그 아이들을 좋아할 수밖에요.

김 가라앉는다는 건, 아이들이 분노가 폭발한다든가 하는 상황에서인가요?

정 네. 온갖 일로 싸움이 나고 개기는 일도 터지잖아요. 그런데 그런 상황에서 정말 좋아하는 마음으로 딱 봐 주면 애들은 차분해져요. 시선에 진심이 담겨 있어야 해요. 하지만 아이들이 일단 가라앉는다 해도 일은 또 터지기 마련이거든요. 그래서 사건과 사고를 어떻게 보느냐가 중요해요. 흔히 아이들을 가해자와 피해자의 구도로 나누는 형사적 이해 방식으로 접근하기 일쑤지요. 그놈은 이게 문제고 저게 문제고, 저놈이 없으면 학교와 반에 평화가 올 것이라는 식의 얘기가 나오는데요. 문제는 다수의 다른 아이들이 길들여지고 억압돼서 찌그러져 있다는 것입니다. 형사적으로 사건을 수습하는 상황에서는 문제가 더 심화되거나 반복되는 수밖에 없죠.

저는 오히려 사건·사고를 계기로 해서 다수의 아이들을 깨울 수 있다고 봐요. 솔직히 말하면 〈바람의 학교〉를 할 때 초반에 사건이 몇 개 벌어졌는데 후다닥 정리가 되니까 너무 조용해져서 답답했어요. 무슨 일이 터져야 그걸 가지고 아이들을 흔들어서 깨우는데 하면서요. 아니나 다를까 조금 기다렸더니 바로 또 일이 터져 줘서 수습하는 과정에서 여러 가지를 병행했어요. 수습이라는 게 사건을 잘 마무리하고 이전처럼 원상 복구하는 게 아닙니다. 죽어지내던 아이들이 내면의 힘을 키워서 여기에 대응할 수 있게 하고 그 과정에서 어떻게 풀면 되겠다는 저항력도 생기게 만드는 겁니다. 문제를 일으킨 놈은 내가 좀 오버했구나 하면서 미안해하고, 서열화된 관계도 깨고 그러는 것이지요.

저는 그런 과정을 어떻게 만드느냐가 교육의 핵심이라고 보고, 한 달 사이에 집중적으로 역동을 일으키려고 했어요. 이우학교에서는 초장에 사건이 많았지만 4~5년쯤 지나니 선생님들이 상황을 손쉽게 수습해 버려서 약간 싱거웠거든요. 약간 간이 안 맞았다고 해야 할까요. 그런데 바람의 학교에는 선수들이 많으니까 한 달이라는 짧은 시간 내에 훨씬 역동적인 일들이 여러 번 벌어지고, 벌어지는 만큼 그걸 푸는 과정도 좌충우돌했죠.

방송에서는 다 못 보여 줬는데, 교육적 의미에 초점을 맞춘다면 실제로는 훨씬 재밌는 이야깃거리가 많았어요. 기존 학교는 수업 시수 등 교과별로 짜인 틀이 있어서 한계가 많지만 이 학교는 24시간 체제 아닙니까. 애들 입장에서는 29박 30일이 자신을 훨씬 풍부하게 드러내고 확인할 수 있는 기간이었던 것이죠. 그리고 저로서는 이 흐름 속에서 생겨나는 교육적인 문제의식들을 명확히 할 수 있었습니다. 교육이라는 관점에서 아이들을 어떻게 바라봐야 할까? 애들이 깨어난다는 게 대체 뭘까? 이런 문제를 압축적으로 고민했죠.

아이들이 가르쳐 준 것

김 '아이들을 진심으로 좋아하는 시선으로 바라봐 줄 수 있을 때 내면의 힘이 깨어난다'는 직관은 어디에서 생겼나요? 선생님께서는 그 아이들처럼 거칠고 힘들게 살아 본 경험이 없고 이우학교에서도 그런 아이들을 많이 만나시지는 않았을 텐데 말이죠.

정 이우학교에도 잘 안 보여서 그렇지 초기에 선수들 많았어요. 특히 5기에 대단한 애들이 많았고 8기에도 주목해야 할 아이들이 여럿 있었죠. 5기 아이들 중 몇 명은 고1 때 학교 근처에 있는 미금역 뒷골목을 쓸었어요. 삥 뜯고 돌아다니고 그랬지요. 저희가 선발할 때는 감당 가능한 수준 내에서 최대한 다양하게 뽑을 수 있게 가이드라인을 정하고, 선수를 꼭 뽑았어요. 문제아일 것이라고 기대하고 뽑았는데 싱거운 아이도 꽤 있고, 얌전할 줄 알았는데 사고를 치는 아이들도 있었죠.

김　아이들과 부대끼면서 선생님 나름대로 시행착오도 있었을 것 같습니다. 그 과정은 어떤 식으로 흘러온 거예요?

정　저도 범생이로 컸어요. 그나마 역동적인 것에 끌리는 성향에, 활동적인 거 좋아하고 운동을 즐기는 개인적 특성이 있긴 했지만 기본적으로는 전형적인 범생이였지요. 초반에 학교 준비하면서 공부했던 교육철학에서 개념적으로 이해했던 것들이 있기는 했지만, 그것을 미처 체화하지 못한 채로 아이들을 만났던 것이라고 봅니다. 그때는 아이들을 겉으로만 쿨하게 이해해 주는 '척했던' 게 너무 많았던 거죠. 그래서 씨알이 안 먹혔던 거예요. 오히려 5기, 8기 아이들이 일으킨 이런 저런 일을 처리하면서 교사들이 달라진 셈이지요. 당시 선생님들이 흘린 눈물의 절반이 5기 아이들과 관련 있다고 얘기할 정도였는데요. 그만큼 이 아이들을 감당하느라고 많은 선생님들이 힘들어 했어요. 끊이지 않는 사건·사고를 수습하는 특수 형사 반장들이었다고 할까요. 형사 팀처럼 한 건 수습하는 데 3주 정도 걸리는데, 그러고 나면 또 다른 건이 터져서 고생들 많이 했답니다. 제가 다섯 명 정도를 제적시키기까지 했거든요.

　그런 과정을 겪다 보니 내가 무엇 때문에 이러고 있는 건가라는 회의가 들면서 이놈들을 다시 보기 시작했습니다. 그래서 아이들을 여러 방식으로 진하게 많이 만났어요. 예를 들자면 제가 낚시꾼이니까 충주댐에 사고 친 놈들 데리고 2박 3일 동안 들어가 있는 거예요. 처음 대화를 나눌 때는 말도 안 되는 소리들을 늘어놓아요. 듣다 보면 "너 이 새끼 어떻게 그럴 수가 있냐. 내가 도저히 이해할 수가 없다."라고 말하게 되죠. 이게 가장 전형적인 선생들의 반응이고 저도 예외가 아니었습니다. 그런데 이해할 수 없다는 이야기를 2박 3일 동안 할 수는 없잖아요.

그래서 낚시할 때 앉아 있는 좌대가 아주 작으니 거기에 앉혀 놓고 밥도 지어 먹이면서 꼼짝 못하게 했어요. 2박 3일 동안 온갖 얘기를 안 할 수가 없는 거예요. 이런저런 얘기를 더 나누다 보면 저놈들이 왜 그랬는지, 그동안 살아오면서 무슨 일을 겪은 것인지 구체적인 뒷얘기들을 듣게 돼요. 그러다 보니까 애들을 조금씩 이해하기 시작했어요. 전에는 애들이 교장 선생님이랑 눈 마주치면 들킨다면서 저를 피해 다녔거든요. 제가 아이들 속내를 금방 알아차리니까요. 그런데 진짜 센 놈들 몇 명이 저랑 친해지다 보니까 서로 이해가 된 거예요. 그러니까 아이가 무슨 일 저질러도 '너 이러저러해서 그랬구나' 하고 바로 이해가 되는 겁니다.

그렇게 4, 5년 지나고 나니 이놈들이 저를 피하지 않고 오히려 굉장히 따라요. 지난한 과정들을 겪으면서 아이들을 이해할 뿐만 아니라 예측이 가능하게 됐고 어떤 상황이 벌어져도 당황

하지 않게 됐어요. 어떻게 풀 것인가, 그 방법이 교육적으로 의미가 있을까 등 여러 가지 생각을 조금씩 정리하기 시작했지요. 5, 6년 걸린 셈이에요. 개념적으로는 제 나름대로 공부하면서 배운 것이나 옛날에 운동하면서 인간에 대해 알게 된 것들이 있었지만, 가장 직접적으로는 이우학교에서 만났던 그 선수들이 저를 많이 가르쳤다고 생각해요. 그래서 제가 강의를 할 때나 졸업식장 같은 곳에서 그런 이야기를 많이 해요. 우리 선수들한테 많이 배웠다고요.

김   다섯 명을 제적시켰다고 하셨잖아요. 지금이라면 제적시키지 않으셨을 테지요?

정   그럼요. 제적을 안 시킬 정도가 아니라 굉장히 소중한 아이들이라고 생각하지요. 그때도 제적을 시키고 나서 고민이 시작되더라고요. 한 명씩 날려 보내다가, 이게 뭔가 하는 회의가 들었습니다. 물론 그때는 모두 이유가 분명했어요. 저놈 때문에 학년 전체의 문화가 망가진다, 게다가 부모는 한 술 더 뜬다, 대화가 안 된다…. 애들도 그렇고 부모도 그렇고 학교가 감당할 수 없었죠. 선생님들은 난리를 치면서 내보내는 게 맞다고 했고요. 그래서 제적을 결정했어요. 그런데 지나고 보니 그게 아닌 거지.

김   그 아이들한테서 배웠다고 할 때, 무엇을 배운 것일까요?

정   우선은 아이들의 세상을 몰랐던 거죠. 인간을 몰랐다고 할까요. 선생들이 왜 화가 날까요? 자기 기준으로 봤을 때 이해가 안 되니까 화가 나는 것이거든요. 마땅히 이러저러해야 한다는 당위, 게다가 공유되어 있다기 보다는 자기만의 기준으로 시시비비를 따지는 셈이지요. 그런데 교육에서는 시시비비가 중요한 게 아니라 아이들이 주어진 과정을 거치면서 각각의 시기에 걸맞게 자기를 만들며 성장해 가는 것이 중요하거든요. 그런 관점에서 보자면 아이들의 모습이 무엇인지를 이해하지 못한 우리가 문제라고 할 수 있어요. 그런데 대부분의 선생들은 자기 기준이 있잖아요. 사회적 규범이랄까. 그걸 가장 엄격하게 붙들고 있다 보면 꼰대가 되는 거예요. 이걸 깨지 않고는 애들에게 다가갈 수도 없고 애들을 성장시킬 수도 없어요. 이것이 문제의 본질이에요.

김　선생님은 깨셨는데 같이 있었던 젊은 선생님들도 영향을 받았어요?

정　받았죠. 저도 이제 노련해진 셈인데요, 학교에서 무슨 사고가 나면 저는 표정이 좋아졌어요. 왜냐하면 기회가 왔거든요. 그럼 선생들은 기겁을 하는 거지. 자기들은 죽겠는데 교장은 좋아하고. 그런데 자꾸 그렇게 반복을 하다 보니까 조금씩 선생들도 느끼게 됐어요. 하지만 이게 힘든 일이잖아요. 저는 학생을 선발할 때마다 더 다양한 기준으로, 더 센 아이들도 받아야 된다고 주장하는데 선생님들 입장에서는 그게 어렵죠. 제가 학교를 떠나고 나서는 기준이 좀 약해지지 않았을까 싶어요. 말이 그렇지, 그게 그렇게 쉬운 게 아니거든요. 그 상황에서는 죽을 맛이죠.

김　그 죽을 맛을 노동운동 할 때는 치열하게 겪지 못하셨나요? 그때도 인간의 속이 다 드러나는 상황 아니었나요? 조직 활동 하다 보면 뒤통수도 치고 하잖아요.

정 　제가 함께한 그룹에서는 배신이 없었어요. 일단 전쟁 상황에서는 내부의 문제가 심각하지 않아요. 적이 분명하니까요.

김 　그러면 노동운동과 교육 운동, 이 둘은 굉장히 단절적인 셈이네요?

정 　겉으로는 단절적인데 제가 봤을 때 일치하는 부분이 있어요. 저는 개인적으로 사람에 대한 관심과 열정이 높은 성향이 있어요. 그런 맥락에서 이른바 조직 사업에 능했고, 전국의 서클들을 통합시키는 역할을 주로 맡았어요. 각 지역마다 독자적으로 있는 서클들을 연결해서 하나의 조직으로 만드는 일인데, 결국 사람을 설득하는 일이잖아요. 온갖 이념적 차이니 노선이니 하는 것을 처리하면서요. 그런 경험에서 체득한 능력을 교육 쪽에서 발휘하면 재미있겠다고 생각했어요. 조직가와 교육자는 전혀 다를 것 같지만 제게는 하나로 꿰어지는 맥락이 있는 거죠.

50+인생학교
- 베이비부머의 에너지에 주목하다

정광필 선생은 스스로 꼰대 스타일이 아니라고 자연스럽게 말씀하셨다. 어떤 조직이나 인간관계에서 연령이나 직위에 따른 권력을 휘두르지 않는다는 뜻이리라. 주어진 일에 혼신의 힘을 기울이면서도 자신의 경력에 매몰되거나 성과에 얽매이지 않을 수 있는 까닭은 삶을 자유롭게 구상하고 펼쳐 나가는 기질 덕분이 아닌가 싶다. 교육계라는 철옹성에 문을 두드리는 용기를 내고, 삶의 이력과 정황이 매우 다른 아이들과 부대끼면서 함께 변화하고 성장할 수 있었던 것은 일이나 조직보다 사람의 마음을 들여다보는 통찰과 감수성을 키워 온 배경이 있어 가능하지 않았을까.

한국 사회가 워낙 각 분야별로 칸막이가 높지만, 교육 분야도 만만치 않다. 교사 자격증을 가진 사람만이 가르칠 수 있고, 교육 행정도 교육대학이나 사범대학 출신들의 장학사나 장학관에 의해서 돌아간다. 교사는 인생을 학교에서만 보낸 사람들이다. 학교를 졸업하고 다시 학교에서 일을 하고 있으니 말이다. 그 결과 사회의 흐름과 상당히 단절되어 있고, 다양한 사람들의 경험이 배움의 공간에 입력되지 못한다. 여러 영역들 사이에 연결과 융합이 일어나면서 끊임없이 새로운 범주들이 생성되는 시대의 조류와 맞지 않는 것이다.

정광필 선생은 교육계 출신이 아니었기에 과감하게 새로운 학교를 디자인할 수 있었다고 본다. 학교와 행정 속에서 오랫동안 굳어진 틀과 고정관념에 갇히지 않고, 그쪽의 조직과 인맥에 얽혀 있지 않으므로 본질에 충실한 이행에 전력투구할 수 있었던 것이다. 더 나은 세상을 향한 궁극적인 비전을 품고 있었기 때문에 노동과 교육이라는 상이한 분야를 넘나들면서 성과를 냈다고도 해석할 수 있다. 정 선생의 행진은 지금 새로운 도전으로 이어지고 있다. 동세대인 베이비부머들의 인생 이모작을 지원하는 공동체 작업이다.

김 　노동운동 20년, 교육 운동 20년, 지금 50+재단 일에 집중하고 계신데요. 이 행보도 노동운동과 교육 운동의 연장선상에 있는 거죠? 어떻게 시작하신 건가요?

정 　제가 우연히 서울시평생교육진흥원의 기획단장을 맡게 되었는데요. 현재 50+인생학교 서부캠퍼스 관장인 남경아 씨가 기획단 구성원이었어요. 둘이 이런저런 대화를 나누다가 인생학교 이야기가 나왔어요. 서울시교육청에서 운영하는 오디세이학교나 덴마크의 인생설계학교는 중3에서 고1로 올라가는 아이들의 전환기를 위해 세워졌지만, 고등학교를 졸업한 아이들에게도 필요할 것 같고 나아가 퇴직하면서 새로운 인생을 준비하는 사람들에게도 필요하다는 얘기를 했더니 솔깃해 하더라고요. 그때부터 제가 고민을 시작한 거예요. 2015년이었어요. 혁신 학교의 모델을 만들어 일반화하는 작업은 어느 정도 이뤄졌고 저는 퇴직까지 했잖아요. 이른바 공적 영역에서는 임무를 다 한 것 같고 다음 수순을 생각해 봐야 하는데, 건강이나 의지나 네트워크나 여러 가지를 고려했을 때 적어도 10년은 뛸 수 있겠다 싶었어요.

　그런데 〈바람의 학교〉 사례를 본 남경아 씨가 이 프로젝트를 50대 대상으로 한번 해 보자는 거예요. 그들에게 더 맞는다는 거야. 주변의 여러 사람들도 그러더라고요. 이 프로그램을 고등학교 1학년이 이해하겠냐, 오히려 우리에게 맞다…. 그런 거 같았어요. 사실 지금 50대, 퇴직하는 입장에서 보면 가정과 직장을 위해 평생 달렸지만 정작 내가 누군지, 나는 무엇을 위해서 살았는지를 질문하지 못했거든요. 예전에는 퇴직해서 여행 다니다가 경로 우대증 나오면 슬슬 쉬고, 한 10년 손자 재롱 보면 인생 끝났잖아요. 다시 말해 50대 후반이란 새로 무엇을 시작한다고 하기보다 퇴직하고 마무리만 잘 하면 되는 시기였는데, 이제는 그동안 살아온 만큼 더 살아야 해요. 죽지 않으니까요. 건강도 거의 40대 수준으로 유지하죠. 스마트폰이 있으니 네트워크도 빵빵하게 유지하잖아요. 퇴직금으로 자영업 하다가 극빈층으로 전락하는 사람들도 있긴 하지만, 먹고사는 문제가 어느 정도 대비돼 있는 사람들도 적지 않단 말이에요.

하지만 이 사람들이 하고 싶은 것은 많은데 사회적으로 대접을 못 받으니까 분노가 많아요. 꼰대 소리나 듣고 아재 개그 해봐야 비웃음만 사고…. 그래서 이 사람들의 에너지에 주목해야 될 거 같았어요. 우리 사회 전체를 놓고 보면 향후 7~8년 사이에 베이비부머 세대가 폭발적으로 노년에 접어들기 시작하거든요. 이 세대는 엄청난 능력이 있고 뭘 해도 할 게 많은데 찾지를 못하는 거예요. 준비가 안 돼 있어요. 이런 고민을 얘기하다 보니까 반짝했어요. 그래, 이 부분을 교육적으로 접근해서 한번 흔들어 보자. 뜻이 모였고, 50+재단을 꾸리는 단계부터 기획을 시작했습니다.

김   50+라는 이름도 그런 뜻을 담은 것이군요.

정   플러스(+)의 의미를 살려 그럴듯한 해석을 했죠. 예를 들면 50세 이상의 나이로 50년 더 살아야 되고, 그동안 살아온 삶과는 다른 삶을 새롭게 더해야 한다는 말이 될 수 있잖아요. 그러고 나서는 어떤 방식의 교육이 좋을지 고민했어요. 대개 캠퍼스 단위로 여러 가지 프로그램들을 진행하는데 거의 다 명사 초청 강의를 마련해요. 하지만 아무리 좋은 강의라고 해도 들을 때뿐이잖아요.

저희는 기존의 강의 방식이 안 맞는다고 생각했어요. 베이비부머 세대를 흔들 수 있는 3개월 집중 과정을 만들고, 거기에 50+인생학교라는 이름을 붙였어요. 이 사람들은 자기가 하고 싶은 얘기가 너무 많다, 남 이야기 듣는 것보다 본인이 자기 이야기를 하도록 만들자, 전체 과징은 워크숍으로 하자, 이 사람들은 지금까지 자신은 누구라고 규정했던 정체성이 흔들리고 있으니 자아를 다시 찾는 과정에 중점을 두자, 논리적으로 아무리 접근하고 찔러 들어가 봐야 씨알도 안 먹힌다, 목에 들어가 있는 깁스가 워낙 딱딱하기 때문에 그것을 풀어내려면 말랑말랑하게 아주 감성적으로 접근하자, 그리고 몸으로 접근하자…. 이렇게 계획을 세웠습니다.

김   이론적으론 그럴듯한데, 실제로 효능이 있던가요? 구체적으로 어떤 워크숍이었어요?

정　대표적으로 〈건축학개론〉이라는 영화를 보고 4시간 동안 이야기를 나누는 워크숍이 있어요. 그 영화가 첫사랑을 모티브로 하고 있잖아요. 참가자들이 청순했던 대학교 1학년 스무 살의 마음으로 돌아가 그때의 경험에서 시작하는 것이지요. 경험에 얽혀 있는 여러 느낌을 반추하며 자기 이야기를 하게 합니다. 추억을 새삼 더듬으면서요. 자연스럽게 감정이입이 되지 않겠어요? 이야기를 쫓아가다 보면 영화의 여주인공 '서연'에 주목하게 돼요.

서연이가 첫사랑에 실패한 후 자기가 좋아하던 피아노를 때려치우고 남들이 부러워하는 아나운서를 꿈꾸다 좌절되니까 돈 많은 의사랑 결혼했다가 이혼하고, 15년 만에 첫사랑을 찾아가 집 지어 달라 해서 집을 짓잖아요. 이런 과정을 거치면서 서연은 자기가 정말 뭘 좋아하는지, 내가 왜 이렇게 됐는지를 성찰하고 깨우칩니다. 최종적으로는 고향에서 인생을 처음으로 되돌립니다. 다시 피아노를 치고 아이들을 가르치며 새롭게 출발하죠. 바로 이 대목에 사람들이 주목하게 합니다. 보통 남자 주인공을 보게 되지만, 이 워크숍에서는 여자 주인공에 자신을 대입시킵니다. 자신이 어떤 삶을 살았는지 돌아보게 하고, 내가 어떻게 다시 새롭게 시작할 건지 질문합니다.

이렇게 아주 구체적인 이야기로 말랑말랑하게 접근하는 거예요. 의외로 굉장히 효과가 있더라고요. 또 하나는 교육 연극식 접근인데, 몸으로 하는 보통의 아이스브레이킹하고는 성격이 조금 달라요. 교육 연극이라는 말 들어 보셨죠. 〈바람의 학교〉를 함께했던 한 친구가 그 분야의 전문가라서 초대를 했어요. 참가자들이 몸을 풀게 하고 서로 어울리면서 자기 이야기를 하도록 했지요.

이 두 가지 과정을 한 번 하고 그다음에 바로 1박 2일 워크숍을 열어서 조금 심화된 작업을 해요. 예를 들면 '드래곤호 모험'이라고 해서, 팀별로 여러 가지에 도전하는 프로그램들을 같이 해 보고 밤에 캄캄한 데로 가서 돗자리 깔고 누워 40분 동안 별보기, 고독력 키우기 등을 했어요. 이렇게 1박 2일 하고 나면 마음이 많이 열려요. 관계들도 진해지고요. 그러면 이제 본격적으로 커뮤니티 만들기에 들어가요.

김   한 클래스가 몇 명인가요? 세대와 남녀 구성은 어떻게 되고요?

정   50명이고, 50대가 70~80퍼센트, 40대가 5퍼센트, 60대가 20퍼센트 조금 안 될 듯해요. 그리고 남녀는 반반이에요. 커뮤니티 만들기로 본격적으로 들어가면 기존에 다른 곳에서 진행했던 프로그램도 돌려 보고, 관심이 갈 만한 사람들을 모셔 오거나 찾아가 보는 과정을 거친 후 새로 대여섯 팀을 만들어요. 앞으로 해 보고 싶은 것을 중심으로요. 처음에는 대개 취미 위주로 구성되지만 이런저런 자극을 받다 보면 사회 공헌 쪽으로도 관심이 넓어져요. 팀이 만들어지고 자치회가 구성되면 그다음부터는 저절로 굴러가죠.

제가 중간에 가끔 개입할 때도 있어요. 예를 들면 범생이로 살아온 사람들이 대부분이라서 너무 착실하게 가면 한 소리 합니다. "아니, 무슨 범생이들만 오셨나. 왜 분위기가…" 이렇게 깽판을 놓는 것이 제 역할입니다. 바람의 학교에서 그러했듯이, 무슨 일이 터져야 학교가 다이내믹하게 돌아가거든요. 커뮤니티 만들기 같은 경우도 시간이 지나다 보면 그 안에서 여러 가지 친소관계가 형성돼 있어요.

어떤 커뮤니티에 초대를 받아 가 보았더니 이렇게 가는 게 맞나 싶었어요. 그래서 한 2주 정도 후에 제가 브레이크를 딱 걸고 새로 하자고 제안했지요. '친구 따라 강남 왔는데 참여하다 보니까 이게 자기에게 맞지 않을 수 있고, 또 좋은 생각이 새롭게 떠오를 수도 있다. 그런데 한번 정했다고 해서 그대로 끌고 가면 4~5년 동안 영향을 미칠 수도 있는 거다. 이거 굉장히 심각한 문제다. 그러니까 신중하게 생각해서 새로 제안하고 새로 팀 짜자.' 이런 식으로 판을 갈아엎기도 해요.

김   좋은 기획이 많아도 의도대로 되지 않는 게 대부분인데요. 무엇이 인생학교를 지금처럼 굴러가게 하는 걸까요?

정   정체성 아닐까 싶어요. 예를 들어 50+인생학교 서부캠퍼스 졸업생들은 그곳을 자기 학교라고 생각해요. 거기에서 벌어지는 일들에 대한 책임감도 있고요. 이것을 쌓아 가는 게 중요한데, 조금씩 확인되고 있는 것 같아요. 얼마 전에 각 기수별로 졸업한 임원진들과 커뮤니티 대표들이 모여서 간부 워크숍 비슷한 행사를 두 번 했어요. 지금 상황에서는 각 캠퍼스별로 구심점을 형성해야 하는데, 명강의를 통해서 생겨나지는 않아요. 말하자면 강사가 아니라 교육자가 필요한 거지요. 전 과정을 역동적인 성장으로 바라보고 그걸 풀어 갈 수 있는 안목, 상황에 따라서는 내버려 두는 거 같지만 결정적인 순간에 가볍게 터치하면서 탁 끄집어낼 수 있는 역량이 요구돼요. 이를 위해 예산이나 체계 등을 마련하느라고 지금 서울시와 협의 중인데요, 아무리 그림을 그려 놓아도 감당할 사람이 없으면 헛일이지요.

기존 평생교육의 틀에서는 관리자와 강사들만 있어요. 향후 5년 사이에 굉장히 많은 요구가 생겨날 듯한데 이걸 감당할 인력이 너무 없죠. 그래서 제가 요새 구상하고 있는 방안은, 1기 졸업생 중에 두 명을 뽑아서 양쪽(서부, 남부캠퍼스) 인생학교에 보조 강사로 붙이는 거예요. 기획부터 함께하는 거죠. 중간에 역할을 조금씩 주고 점점 더 비중을 높여 가는 식으로요. 모든 과정을 함께 해석하게 하면서 사람을 재생산해야 해요. 다른 한편 지금 있는 강사들을 따로 모아 워크숍을 하며 준비해야 합니다.

나이가 들어서도
변화할 수 있는가

김　그런 일을 감당하려면 인간에 대한 깊은 이해가 필요하잖아요. 50+인생학교를 운영하시면서 무엇이 핵심이라고 보셨나요. 참가자들이 짧은 기간 동안에 나름대로 어떤 전환이나 도약을 하는 모습을 보셨을 텐데요, 가장 결정적인 지렛대가 어디 있다고 보세요? 그걸 잘 파악하는 눈이 있어야 교육자로서 역할을 할 수 있을 것 같아요. 선생님이 지금까지 경험하신 바에 따르면 무엇인가요? 강의나 책으로 배울 수 없는 것 말입니다.

정　지금 재단 내의 사람들도 제가 하는 작업을 잘 이해하지 못해요. 50+인생학교가 무엇인가에 대해 말이 많거든요. 강의보다는 워크숍 위주로, 논리적이기보다는 감성적으로 접근하는 이유를 잘 헤아려 봐야 해요. 참가자들에게 자기 나름의 확신이나 고집, 몸에 배어 있는 문화, 뭔가에 찌들어있는 모습이 너무 많잖아요. 그걸 깨고 들어가려면 논리는 안 통합니다. 오히려 저항만 받을 뿐이에요. 말랑말랑하게 터치해야 조금 뚫고 들어갈 수 있습니다. 또 하나 중요한 건 늘 잘해야 한다는 강박에서 벗어나는 것입니다. 다들 승부욕이 너무 강해요. 뭔가를 하면 '경쟁 속에서 낙오자가 되거나 패배자가 되지 않을까' 하는 두려움이 있는 것이지요.

저는 종종 '너무 잘하려고 하지 마라. 조금 빈 구석이 있어야지 너무 다 잘하면 안 된다'고 이야기합니다. 예를 들면 졸업식이라는 중요한 이벤트를 앞두고 담당하는 몇몇 분들한테 "완벽하면 안 됩니다. 조금 엉성한 부분이 있어야 합니다."라고 말해요. 그분들은 무슨 말인지 이해하세요. 시행착오와 빈 구석을 통해서 자신들의 어깨에 들어간 힘을 빼게 되고, 그렇게 여유가 생기면 경쟁하기보다 협력하게 되거든요. 바로 그런 지점이 중요했던 거예요. '잘하면 안 된다, 완벽하면 안 된다'가 굉장히 중요한 메시지였죠. [널널하게 흘러가는 대로 내버려 두면 되는 것인가요?] 물론 그렇게만 가서는 안 되죠.

결정적인 순간들이 있어요. 커뮤니티가 너무 밋밋하게 가면 안 되겠다 싶을 때 가서 깽판을 놓고 다시 판을 짜게 하는 것처럼, 유연한 듯하면서도 탁 찌르고 들어가는 게 있어야 해요. 찬스를 놓치지 않고 새로운 문회를 만드는 것입니다. 그 나이에 처음 만난 사람들이 3개월 만에 몇십 년 함께 지낸 고등학교 동창 같은 분위기를 만들거든요. 그 모습을 보고 있으면 재미있어요. 어떻게 가능할까요. 그럴 만한 사람들을 모은 것은 아니에요. 이우학교에서처럼 인생학교에서도 다양한 성향과 배경을 안배해서 선발해요. 그래야 확산될 수 있으니까요.

인생학교에서 주로 하는 일은 사람들 마음속에 있는 선한 의지를 북돋는 것입니다. 사람들의 마음 한쪽에는 늘 경쟁하고 살아남아야 한다는 이기적인 욕구도 있지만, 다른 한쪽에는 그래

함께 가야지, 그래도 남을 도와야지 하는 생각도 있단 말이지요. 뭔가를 결정하고 판단할 때 그 부분을 많이 자극했던 거 같아요. 그래서 그동안 자신이 어떻게 살아왔든, 인생학교에 와서 맺어진 새로운 공동체에서는 선한 의지를 스스로 일깨우면서 변신하도록 하는 문화를 만들었다고 봐요. 이 문화가 참가자들이 3개월 만에 역동하는 모습을 보인 비결 아닌가 싶습니다.

김 이분들이 처음에 여기 올 때의 동기는 상당히 개별적인 거잖아요. 내 인생의 이모작이라든가, 전환을 위한 실마리를 좀 찾아보자든가. 그런데 이곳에 와서 전혀 의외의 것을 경험하는 셈이네요. 새로운 사람을 만나고 커뮤니티도 제대로 경험해 보고, 그러다 보니 자기 안에 있었지만 들춰 보지 않았던 선한 의지가 나오는 거고요.

정 대개 마음 한쪽에 '나 지금 생계도 걱정이고 자식 대책도 없고, 내가 능력이 있어도 아무 것도 못하고 있으니 학교가 뭔가 할 수 있는 걸 마련해 줘야 되는 거 아니야?'라는 생각이 늘 있어요. 그런데 저희가 인생학교를 통해 얘기하고 있는 것은, 그런 걸 좀 내려놓고 이제는 동료들과 함께 용기를 내서 작지만 의미 있는 것을 추구하는 새로운 삶에 도전을 해 보라는 것이에요.

그런데 공감은 하지만 현실에서 여전히 나를 붙잡고 있는 것들에서 헤어나지 못한 사람들은 참여가 소극적일 수밖에 없어요. 이 점을 늘 주시하고 있습니다. 지금의 과제는 이분들이 인생학교를 통해서 새롭게 출발하는 계기를 마련하는 것입니다.

후속 작업들을 본격적으로 벌이기 위한 틀을 고민하고 있고, 이것은 내년부터 본격화하려고 해요. 상황에 따라서 전문가 과정도 구상 중이고요.

김   그런데 사람이 50 넘으면 안 바뀐다는 말을 많이 하거든요. 50이라는 숫자가 중요한 건 아니지만요. 자기 딴에는 좋은 동기와 선한 마음으로 한다고 하지만 다른 사람에게는 덕이 되지 못하는 분들이 있거든요. 예를 들면 제가 강의를 할 때 질문을 한다고 하시는데 주변을 짜증나게 만드시는 분들이 종종 있거든요. 대개 남자들이죠. 인생학교에도 있지 않을까 싶어요. 자기 딴엔 열심히 한다고 하는데 다른 사람한테는 피해가 되고 때로는 좀 밥맛없는….

정   몇 명 있어요.

김   그런 분들 때문에 커뮤니티가 힘들어질 때 어떻게 하세요?

정   교수진 내에서 저분을 막아야 하는 거 아니냐는 의견이 나와요. 그러면 저는 그래요. 내가 나서서 어떻게든 해결할 수 있을지 모르지만 그다음에는 어떻게 할 거냐, 우리가 없을 앞으로가 문제인데…. 정말로 답이 안 나오는 사람이 적지 않거든요. 무슨 얘기만 나오면 자기 자랑으로 끌어가거나 강의하듯이 떠드는 분들이 있어요. 하지만 교수진이 나서지 않아도 뒤풀이 같은 자리에서 자체적으로 해결이 돼요. 핑 잡는 게 매라고, 커버하는 선수들이 꼭 나와 주시거든요. 그분들 이야기의 핵심은 대개 과

시입니다. 그런데 다른 사람들이 허세를 벗고 본질로 들어가면서 필요한 얘기들을 딱 하면, 과시적인 발언은 사그라들어요. 문화의 힘이지요. 권위 있는 누군가가 나서서 해결을 해 버리면 그런 문화가 형성되지 못해요. 기다려야 그런 분들을 적절히 견제하는 문화가 서서히 자라납니다.

김　　커뮤니티를 이렇게 결합시켜 주는 공통의 목표나 비전은 뭐예요? 성장인가요? 어떤 공통분모가 있을 것 같아서요.

정　　커뮤니티마다 다양한 거 같아요. 예를 들면 사회적 기업이나 사회적 경제에 관심이 있어서 모이는 커뮤니티도 있고, 여행을 중심으로 묶이는 그룹도 있는데 시간이 지나면서 진화해요. 새로운 고민들이 싹트고 서로 영향을 줍니다. 지금은 굉장히 다양한 거 같아요. 이런 현상에 문제를 제기하는 분도 있어요. 세금으로 운영하는 건데 너무 취미 생활처럼 가는 거 아니냐고요. 저는 이렇게 대답하죠. "처음부터 너무 공공성만 내세우다 보면 쪼그라듭니다. 지금은 많은 사람들이 훨씬 폭넓고 자유롭게 참여하며 시작하는 게 중요하죠. 풀Pool을 형성하려면 낮은 단계에서부터 대중적으로 접근하면서 어떻게 진화시킬까를 고민해야 합니다." 내년 초 정도까지는 전형을 만드는 데 집중할 예정이기 때문에 최적화된 조건으로 운영하지만, 앞으로는 조금 더 다양성을 갖고 누구나 와서 할 수 있게 해야 합니다.

김　　한 클래스가 남녀 반반으로 구성되어 있다는 것도 재밌는데요. 한국은 여성과 남성이 워낙 단절되어 있지요. 시내에 돌아다니는 거 보면 남자들끼리, 여자들끼리 뭉쳐 다니거든요. 위 세대도 그렇습니다만 베이비부머 세대의 남녀 관계도 대개 제한적으로 맺어져 있잖아요. 일단 부부 관계가 중심이겠지만 그마저도 상당히 소외돼 있는 경우가 많고, 다른 영역에서는 여성이 대상화되어 있거나 가부장적 남성 문화가 굳어져 있어요. 그런데 인생학교에서는 남녀 사이에서 어떤 시너지가 일어나는지요?

정　　음양의 조화라는 게 그런 거죠. 처음부터 의식적으로 그렇게 했어요. 다른 곳을 둘러보면 일반인 대상 프로그램에는 여성들이 많아요. 반면에 심화 과정이나 대학에서 하는 프로그램에는 남성들이 많아요. 저는 그렇게 분리돼서는 안 된다고 봐요. 남녀가 적절하게 어울리는 관계일 때 시너지 효과가 훨씬 크다고 보는 거죠. 무엇보다 재미가 있고요. 남녀가 섞여 있지 않으면 〈건축학개론〉 같은 얘기도 재미가 없죠.

김　　남성들은 여성들과 함께 하는 것을 재밌어 할지 몰라도, 여성들은 아니지 않나요? 남성들이 좀 우중충하잖아요.

정　　아니요. 그렇진 않습니다. 여성 입장에서는 꼰대만 보다가 여기에서 다른 문화를 경험하잖아요. 꼰대 티를 내면 못 견디니까 악화가 양화를 구축하지 못하는 분위기예요. 그리고 처음 시작할 때부터 어깨에 힘 빼는 얘기로 시작하거든요. 그러니 여성들 입장에서도 재밌죠.

어깨에 힘 빼기

베이비부머는 민주화 세대의 중추를 구성하고 있다. 이 세대는 산업화 세대와 마찬가지로 도전과 개척 경험을 갖고 있고, 역사를 바꾸었다는 자부심도 공유하고 있다. 게다가 인구 층이 워낙 두텁기에 (2016년 40만 명이 출생했는데, 베이비부머가 출생할 당시에는 매년 100만 명 가까이 신생아가 나왔다) 사회적인 영향력도 엄청나다. 이제 이들이 현직에서 물러나 노년층으로 접어들고 있다. 향후 한국 사회는 어떤 모습으로 변모해 갈까. 기대 수명이 계속 늘어나고 있지만, 베이비부머 세대는 기나긴 시간을 풍요롭게 채울 수 있는 준비가 되어 있지 않다. 자칫 세대 이기주의에 빠져 다음 세대에 짐이 될 수도 있다.

　개인의 행복을 위해서도, 사회 전체를 위해서도 이들은 근본적으로 변화해야 한다. 그런데 정광필 선생은 당위적인 주장이나 설득력 있는 논리로는 바뀔 수 없다고 이야기한다. 사실 인간은 그렇게 이성적인 동물이 아니다. 자신이 온전한 존재로 받아들여지는 공동체 속에 있을 때 스스로 깨어날 수 있고 새로운 잠재력과 생의 비전을 찾아낼 수 있다. 사회적 지위와 성취로만 자신의 정체성을 확인하는 습관, 권위주의와 허세에 길들여진 체질을 바꾸지 않으면 자아를 만날 수 없고 새로운 관계를 맺을 수 없다. 품위 있는 노년도 일구어 가기 어렵다.

　욕망과 두려움으로 경직된 자아를 깨고 자신과 화해하면서 공동체를 창조할 때 세상의 주인으로 나설 수 있다. 이러한 과정 속에서 다음 세대에게 어떤 유산을 물려줄 것인가를 고민하는 시민으로 성장해 나가는 것이다. 배움의 자세로 타인을 겸허하게 맞아들여 자신의 내면을 성숙시키는 공동체. 50+인생학교는 이를 지향하며 사회적 유대를 실험하고 있다. 인생학교를 이끌어 가는 정광필 선생은 계속 새로운 질문으로 베이비부머의 마음을 두드린다.

김　　감성적으로 접근하고 어깨에 힘을 빼고 새로운 커뮤니티를 경험하는 것은 어렵습니다. 선생님은 지금까지 그렇게 살아오셨기 때문에 비교적 자연스럽게 되는 거 아닐까요?

정　　전 상대적으로 좀 익숙한 편이죠. 사실 나름의 경험 속에 쌓인 것이 이렇게 종합된 것이라고 볼 수 있습니다. 그래도 어깨에 힘을 빼려고 계속 노력하고 있어요.

김　　어깨에 힘이 들어갔을 때도 있었어요? 언제였나요?

정　　상황에 따라 그러죠. 가끔. 그래서 의식적으로 노력하는 것 중 하나인데, 인생학교 일을 맨 처음 시작할 때 제가 이렇게 선언했어요. "주례사 등 공식적인 의전 같은 건 걷어치웁시다. 껍데기 다 빼고 알맹이 중심으로 가죠. 제가 구체적인 부탁을 드리겠습니다. 우리 뒤풀이 많이 하는데 건배사 같은 거 나한테 시키면 무조건 안 합니다. 학장을 배려한답시고 먼저 인사하게 한다거나 뭘 챙긴다거나 하면 모두 거절하겠습니다." 실제로 의전처럼 뭔가를 하려고 하면 제가 바로 거부해 버렸어요. [이우학교 때도 그렇게 하셨잖아요. 그런데 한국 사회에서는 나이에 따른 위계 서열 의식이 굉장히 뿌리 깊어서 극복하기 쉽지 않을 거 같은데요.] 그래서 오히려 노인들이 좀 소외되는 면들이 있어요. 여기에서는 꼰대질이 안 통하거든요.

김   그러면 50+인생학교 커뮤니티 내에서는 무엇이 사람들을 움직이고 관계를 좌우하나요? 예를 들면 집안, 나이, 돈, 능력 등 등 많잖아요. 처음 오신 분들은 인간이기 때문에 한번쯤 서로 견주어 볼 텐데, 무엇을 가지고 그렇게 할까요? 물론 기준이 바뀌겠지만 저 사람 말을 잘 한다, 아는 게 많다, 이런 게 있을 수도 있고요.

정   1박 2일 MT 갔다고 했잖아요. 별 보고 들어와서 좀 놀다가 뒤풀이를 갔어요. 전체 인원이 큰 홀에 다 같이 모여서 술을 먹는데 어떤 분이 불쑥 일어나서 시를 읊기 시작하는 거예요. 그러고 나면 온갖 얘기들이 나옵니다. 〈건축학개론〉으로 워크숍을 할 때처럼 굉장히 솔직한 얘기들이 나와요. 주로 옛날에 자기가 찌질하게 굴었던 얘기들을 털어놓는 이가 인기를 끕니다.

김   찌질한 얘기라 함은, 다른 데서는 쉽게 털어놓을 수 없는 부끄러운 이야기인가요?

정   내가 어떻게 여자한테 차였는지, 또 차인 이유가 무엇이 있는지 등을 이야기해요. 우리가 〈건축학개론〉을 아주 깊이 있게 분석하거든요. 남자 주인공의 찌질한 모습이 무엇인지 얘기하다가 자기 얘기로 연결되는 것이지요. 그리고 사실 남녀가 함께 과정을 밟다 보면, 찌질한 자기 얘기를 솔직하게 하는 게 새삼 인간적인 매력으로 다가오거든요. 이게 아주 묘합니다. 그래서 그동안 좀 있어 보이려고 애쓰면서 살았던 분들이 50대에 찌질한 모습을 드러내 보이는 거예요.

김 인생학교에서 벌이는 작업이 단순한 힐링이나 위로가 아니고 향후 50년의 생애를 새롭게 기획하는 거잖아요. 이렇게 말랑말랑한 것을 되찾는 시간이 험난한 인생 이모작을 하는 데 어떤 토대가 될 수 있어요?

정 혼자 뭘 해 보겠다고 마음먹고 해 봐야 잘 안 됩니다. 그래서 1박 2일 MT 뒷부분에 커뮤니티 만들기 시간이 있습니다. 내가 정말 하고 싶은 게 무엇이고 좋아하는 게 무엇인지 찾는 거예요. 어떤 꿈이든 혼자서 실현하기에는 만만치 않은 세상이 되었습니다. 어디 끼어들 데가 마땅치 않습니다. 그래서 50명쯤 되는 사람들과 함께해 볼 만한 여러 가지 활동을 기획해서 제안하는 기회를 마련하는 겁니다. 함께하고 싶은 것이 비슷한 사람들끼리 모이면 커뮤니티가 대여섯 개 정도 만들어지거든요. 그것을 중심으로 몇 주 정도 활동을 하고, 이미 그 방면에서 무엇인가를 시도하고 있는 분들을 찾아가거나 초대해서 간담회를 하며 배우는 거죠.

김 지금 시작하신 지 1년 반 되었다고 알고 있는데, 눈에 보이는 성과라는 말은 좀 그렇지만 참여하신 분들의 인생에 변화가 일어나고 있나요?

정　　그렇게 말하면 사실 없다고 말하는 게 정확하고요. 그냥 이런저런 시도를 하고 있어요. 예를 들면 원예를 좋아하던 사람들이 정원 가꾸는 이야기를 하다가 포부가 커져서 별안간 서울에 있는 자투리땅을 다 정원으로 만들자고 하게 됐어요. 진화가 된 거예요. 판을 벌이다가 지원을 받게 돼서 점점 판이 커지고 있어요.

김　　우스꽝스러운 질문일 수도 있는데 누구든지 바뀔 수 있는 건 아니지 않아요? 사람이 나이가 들수록 잘 안 바뀐다고 흔히 말합니다. 특히 남자들이요. 아내들은 어느 나이가 되면 남편의 변화를 포기하게 되잖아요.

정　　제가 볼 때 부부 사이가 갑자기 바뀌긴 진짜 어렵습니다. 대신 다른 장場에서 자신을 새롭게 발견하고, 거기에서 남녀가 다른 방식으로 만나는 것이 중요하다고 봐요. 인생학교에서는 음양의 조화를 중시해 남녀 비율을 똑같이 합니다. 그래야 에너지도 넘쳐요. 커뮤니티 활동을 하면서 남편이 바뀌어서 부인을 데리고 나오거나, 거꾸로인 경우도 있습니다. 30년 정도 부부 생활하면서 굳어진 관계에서 극적인 변화를 시도하긴 어려워요. 밖에서 도움을 받고 변화를 해서 집에 가져가는 게 쉬울 수 있습니다.

김　　선생님은 인간에 대한 근본적인 믿음이 있는 거죠?

정　　저는 믿음이 강합니다. 그런 힘이 사람을 바꿔 나간다고 봐요. 물론 변화가 무척 어려운 사람이 있어요. 그런 분에게 일대일로 접근해서는 안 됩니다. 판에 들어오게 해서 흔들어야 해요. 문화는 센 거죠. 진짜 재미있다니까요.

김   새로운 문화에 젖게 되면 이분들이 자신의 존재를 자각하잖아요. 그러면 지금 베이비부머 세대가 흔히 갖고 있는 돈 걱정 같은 두려움도 많이 극복되나요?

정   완전히 벗어나기는 어렵지만 걱정하는 방식이 좀 달라진다고 할까요. 사실 우리에게 주어진 객관적 현실을 뛰어넘을 수는 없죠. 게다가 현재 우리 사회의 사회경제적 조건이라는 게 좋은 측면도 있지만 극악한 측면도 있기 때문에, 어떤 조건에 놓여 있느냐에 따라 각자 조금씩 다를 수 있을 거예요.

지금 하는 커뮤니티 활동도 꾸준히 이어질 수 있는 토대를 마련했다고 보긴 어렵다는 점에서 일시적인 신기루일 수 있어요. 50+는 앞으로 50+에 멈추지 않고 다른 단계로 나아가야 해요. 예를 들면 베이비부머 세대가 젊은 세대를 돕는 일이요. 이 세대가 손을 먼저 내밀어야 해요. 시혜가 아니라 진심으로 뒷받침하고 도움을 줄 생각으로 나서야 합니다. 앞에서 얘기했던 문화적 힘을 형성하고 토대를 갖추게 되면 이들이 더 나이가 들면서 아래 세대와 손잡을 수 있겠지요. 제가 오래 살아오면서 꿈꿔 왔던 것들이에요. 20대였을 때나 40대였을 때나 일관적으로 염두에 둬 왔죠. 지금 이곳에는 의외로 할 일이 많아요.

김   아래 세대를 돕는다는 게 구체적으로 어떤 걸까요?

정   할 수 있는 일들이 많잖아요. 이 세대가 네트워크도 막강하고 노하우도 풍부하니까요. 지금 벤처 사업에 뛰어드는 젊은 이들도 많고, 불광동 혁신파크에서도 청년들이 여러 가지 실험을 하고 있는데요. 소꿉장난 같은 거 많아요. 되지도 않는 거 매달리는 것 말이에요. 이럴 때 경험을 가진 위 세대가 할 수 있는 일이 많아요. 조금 더 조직적으로 할 수도 있고, 커뮤니티 방식도 있죠. 취업 박람회 대신 손 내밀기 박람회 같은 것을 해 보면 어떨까 해요. 영역별로 나누지 말고 젊은 애들 다 오라고 해서 아예 통째로 진행할 수도 있을 거 같아요. 하다 보면 길이 자꾸 생기겠죠. 의지가 문제지, 적절하게 예산만 뒷받침되면 할 수 있는 건 많을 거예요. 아직은 풀이 작고 의지도 충분하지 않다고 보고 있어요. 때를 조금 더 기다려야죠.

시민으로 깨어나
아래 세대에게 손을 내밀자

김　　지난 1년 동안 한국의 정치 상황이 굉장히 빠르게 변해 가고 있는데, 세상을 바꾸는 데 힘써 오신 입장에서 어떻게 느끼세요? 누구도 예상하지 못했던 큰 변화이기도 한데요. 내가 꿈꾸던 것이 이런 식으로 풀려 가는구나 하는 느낌인지, 아니면 또 다른 흐름으로 보이는지 궁금합니다.

정　　그동안 정치 상황의 수준이 너무 낮았잖아요. 제자리로 돌려놓긴 했지만 여전히 미완의 과제들이 많이 남아 있지요. 다행히 과제를 스스로 풀어 갈 수 있는 판이 마련됐다는 생각이 듭니다. 다만 역사적 경험으로나 개인적 경험에 비추어 볼 때 기존 정치인들이 말아먹기도 참 쉽겠다 싶어 경계하고 있어요. 이제 소수의 정치인이 정치를 좌우하는 구조를 깨야 한다고 봐요.

　그러려면 각성된 시민들이 생겨나는 게 중요하지요. 향후 10~20년 동안 기반을 만들어 가야 한다고 봅니다. 젊은 아이들이 학교에서 훈련받고 사회로 나가서 힘을 발휘하게 하는 것도 필요하지만, 기성세대의 각성도 중요하다고 생각합니다. 밑에서부터 힘이 뒷받침되고 그걸 바탕으로 제도화가 돼야 해요. 현재 선거 제도만 해도 몇몇 엘리트들이 자기들 편하게 돌려 먹기 좋은 구조로 돼 있잖아요. 그걸 깨는 게 쉽지 않아요. 촛불의 힘으로도 극복하기 어렵죠.

김　　극복을 하려면 여러 가지 접근과 주체들이 필요할 텐데요. 지금 하시는 일도 이런 맥락 속에 자리매김할 수 있나요?

정　　최근까지 젊은 세대와 노인 세대가 서로 적대적인 상황이 이어졌어요. 지금도 광장이 촛불과 태극기로 나뉘잖아요. 그 사이에 50+세대가 끼어 있는 셈인데요, 이들은 기존의 노인 세대와 완전히 달라요. 객관적으로도 다르지만 살아온 경험도 달라요. 그런데 이들이 어떻게 살아갈 것인가에 대한 방향이 아직 제시돼 있지 않고 새로운 문화도 형성돼 있지 않거든요. 지금은 서울 한 구석에서 시작한 거지만 50+라는 새로운 운동은 베이비부머 세대를 건강한 민주 시민으로 키워 내는 일이라고 볼 수 있습니다. 이들이 새로운 문화를 형성해서 한 10년쯤 지나면 60대, 70대가 되잖아요. 그때 이들이 지금의 30대, 40대와 어떻게 만나는지가 중요하다고 봐요.

김　지금 베이비부머 세대가 위 세대하고 다를 수 있다면 그 씨앗이 어디에 있다고 보세요?

정　우선 어린 시절의 경험이 달라요. 20대, 30대에 세상을 두 번이나 바꿔 봤고, 그 과정에서 세상을 이해할 수 있는 폭넓은 경험을 갖게 되었어요. 전쟁에 시달리면서 찌그러지지도 않았고 군사독재 시절을 겪었지만 거기에 저항해 낸 이력이 있어요. 저항을 이론적으로 뒷받침할 공부도 했습니다. 예전과 달리 고립돼 있는 게 아니라 다양한 방식으로 네트워크가 조직되어 있죠. 아직 건강도 뒷받침되고 있잖아요.

김　그런데 또 아래 세대한테는 꼰대 취급받는단 말이에요.

정　지금 수준에서는 꼰대일 수밖에 없어요. 그런 점에서 50+ 인생학교는 변화를 만들어 내기 위한 작업입니다. 베이비부머 세대가 꼰대처럼 자기중심적인 이야기에 사로잡혀 있는 게 아니라 타인의 말을 귀담아들을 줄 알고, 대접받으려고 하기보다 자신이 가지고 있는 것을 어떻게 나눌지 고민하도록 돕고 있는 거죠.

김　보통 세대 차이라고 하면 겉으로 드러나는 스타일의 차이라고 이야기하거든요. 즐겨 듣는 대중음악이나 감수성이 너무 다르다는 식으로요. 그런데 선생님께서는 태도의 차이를 극복하는 게 더 중요하다고 보시는 거죠?

정   태도가 매우 중요하죠. 그런데 겉으로 드러나는 태도가 문제가 아니라 내 속에서 어떤 변화가 있느냐가 관건이라고 봐요. 우리 세대는 늘 결과를 중시해 왔잖아요. 경쟁 속에서 어떤 성과를 내려고 하다 보니까 기획한 것에 맞춰서 일을 몰아간단 말이에요. 그게 몸에 배어 있어요. 그런데 문제는 사람들이 갖고 있는 가능성과 잠재력을 어떻게 이해하느냐입니다. 사람들의 바탕에 깔려 있는 가장 선한 의지를 자극할 줄 알고, 그걸 통해서 만나는 게 중요해요. 꼰대는 상대에 대한 신뢰가 없는 사람이에요. 잘못된 것만 보이니까 뭐가 문제라고만 하지요.

저는 이런 태도를 바꿔 나가야 한다고 봐요. 그러려면 우선 50대끼리 서로 새롭게 이해하는 과정이 있어야 해요. 새로운 관계를 형성, 인간에 대한 신뢰 회복이랄까? 이걸 경험함으로써 새로운 문화가 형성됩니다. 혼자서 수련하거나 도를 닦아서 되는 일이 아니라 관계에서 문화를 만들고, 이 문화가 다른 세대와 만나면서 넓어지는 것이 필요하다는 거예요.

김   베이비부머 세대에게는 그런 경험이 위 세대와 마찬가지로 없는 셈이지요?

정   그동안 없었던 건데, 위 세대는 새로운 문화를 만들어 내기가 참 어려웠을 겁니다. 그런데 베이비부머 세대는 쉬워요. 지난 2년 동안 해 보니까 그렇더라고요. 사람이 나이 들면 바뀌지 않는다고 하지만 그렇지 않아요. 50+인생학교 처음 모집할 때 선착순으로 받지 않았거든요. 지원 서류들을 보면 무난하다, 주어진 과정을 잘 해 내겠다 싶은 분들이 있어요. 그런데 저는 악착같이 전혀 안 그래 보이는 사람을 꼭 여러 명 선발합니다. 이번에도 확인했습니다만 한 달도 안 돼서 그 사람이 변하기 시작해요. 어떻게 변해 가는지를 보는 맛이 최고예요. [이우학교의 선발 방식과 똑같네요.] 처음에는 다들 이게 문제고 저게 문제라고 그러는데, 저는 꼭 이야기합니다. 저 사람이 지금 바뀌려고 마음먹고 있으니 기다려 보자고요. 조금 있으면 막 바뀌는 모습이 보여요. 그러면 주변 사람들은 그동안 늘 꼰대라고 생각했던 사람이 어떻게 바뀌는지 함께 경험하게 돼요. 이 경험이 매우 중요하다는 거예요.

김 그렇게 바뀌는 데 결정적인 계기는 무엇일까요?

정 그 사람 마음의 가장 깊은 곳에 있는 영혼을 흔들어야 합니다. 먼저 함께하고 있는 이 자리가 안전한 공간이다, 내 마음을 터놓을 수 있는 곳이라는 느낌이 들 수 있게 신뢰를 형성해야 해요. 한 달 정도 걸리죠. 그다음에 상황극을 벌입니다. '내가 20대라면'이라고 가정하고 여러 이야기를 나누다가, 의자 하나를 놓고 50대의 내가 저 의자에 앉아 있다 생각하고 20대의 내가 한마디 하게 합니다. 30년 전의 나로 돌아가 지금의 나에게 말을 건네야 하는 상황인데, 정말 많은 고민을 하게 돼요.

김　자신이 한 번도 직면해 보지 않았던 상황이겠네요. 자기를 마주할 수 있는 공간 자체만으로도 내면의 변화가 저절로 일어날 듯해요. 자기를 새롭게 만나는 일이, 시민으로서 세상을 다시 보고 책임지는 것과 연결되는 거죠?

정　그렇죠. 먼저 깨어나야만 시민으로서 제대로 된 힘을 가지고 사회에서 다른 사람과 함께 의미 있는 일을 할 수 있어요. 스스로 깨어나지 않은 채로 함께하면 해악이 커요.

김　프로그램들이 자칫 힐링하는 시간으로 끝나기 쉽잖아요. 깨어나기는 했는데 사회적인 지평은 없다는 말입니다. 50+인생학교에서는 두 가지를 연결하고 있다는 점에서 의미심장합니다.

정　저는 이 세대가 깨어나는 것에 멈추지 않고 제2의 인생에서는 기존의 삶을 연장하는 게 아니라 작지만 의미 있고 새로운 무엇인가를 함께해 볼 생각을 하게 유도합니다. 혼자 하면 미약하니까 커뮤니티나 그 외의 여러 방식으로 함께할 동료를 찾고, 이를 통해 자기를 벗어나서 세상으로 한 발자국 나아가는 것을 목표로 하는 거예요.

김　인생의 목표가 바뀌는 거네요. 이 일을 앞으로 한 10년쯤 한다고 생각하시면, 10년이 쌓여서 이루어질 일들의 모습은 어떨까요?

정　이 세대가 우리 사회의 얼룩진 문화에 조금 젖어 있잖아요. 경쟁 때문에 찌그러져 있고 여러 면에서 염치도 없는데, 이제 50+세대가 나눔의 문화를 일궈 가는 모습을 그리고 있습니다.

각성한 시민으로 성장하는 문화 속에서 지금처럼 소수에게 집중된 정치판을 흔들 힘이 나옵니다. 10년 뒤쯤에는 제가 은퇴할 때니 후배들이 알아서 할 몫이겠지만, 지금 저는 그런 역할을 잘할 사람들을 키우기 위해서 기존 졸업생 중에 몇몇 분을 인생학교 교수진으로 끌어들여 강하게 훈련시키고 있어요.

김　인생학교에 참여하시는 분들이 새로운 자신을 경험하고 새로운 친구도 만나면 삶의 방식이 바뀔 듯한데요. 예를 들어 인간관계가 달라진다거나, 전에 재미있던 게 재미없어질 수도 있을 거 같아요.

정　그런 일이 많죠. 졸업하고는 온갖 모임들이 너무 많아져서 바빠지는 거죠. 자기 커뮤니티뿐만 아니라 다른 커뮤니티에 관련된 일들도 벌어지니까요.

김　말하자면 '사회'를 새롭게 경험하는 게 아닐까 싶어요. 자기 인생관이나 태도가 자연스럽게 달라지면 가족 관계도 변할 거 같은데 그런 이야기는 아직 안 들리나요?

정　대개 배우자들이 좋아하는 거 같아요. 여기에 오게 되는 과정을 보면 배우자가 한번 가 보라고 떠밀어서 온 경우도 많아요. 생리적으로는 갱년기라고 하고, 빈 둥지 증후군도 있잖아요. 퇴직하고 나면 너무 허탈하고 억울하고 분노가 치밀거든요. 그런데 여기서 삶의 의미를 다시 찾으면 얼굴이 달라집니다. 가족들은 굉장히 좋아하죠.

김　지금 말씀은 거의 남성들 얘기죠?

정　여성들도 포함돼요. 빈 둥지 증후군은 여성이 더 심하지요. 그리고 직장 다녔던 분들도 많거든요. 여성들이 갱년기를 더 심하게 앓아요.

김　지금까지는 대개 그런 공백을 종교가 메웠던 거 같아요. 한국 교회의 부흥은 급속한 도시화와 관련되어 있거든요. 사람들에게 커뮤니티가 없어졌잖아요. 특히 여성들이 자기 이름으로 불리는 데가 교회밖에 없거든요. 동네에서는 누구 엄마, 몇 호 아줌마, 수원댁 이렇게 불리지요. 그런데 교회에서는 처음부터 이름으로 불러 주고 집사, 권사라는 공식적인 지위를 가질 수 있어요. 자기가 고유한 존재라는 걸 확인할 수 있는 곳은 종교 공동체밖에 없었지요. 그런데 인생학교는 그 이상의 역할을 하는 듯해요.

노년에 대한 상상

격동하는 시대의 한복판에서 변화의 물꼬를 트기 위해 온 힘을 다해 평생을 살아오신 정광필 선생의 개인적인 삶이 궁금해졌다. 이렇다 할 만한 좌절이나 실패가 없었고, 자잘한 슬럼프도 거의 없는 매우 특이한 캐릭터의 인물인데, 지치지 않는 생명력이 어디에서 솟구치는지, 어떻게 늘 그렇게 기운생동할 수 있는지 알고 싶었다.

김   선생님은 인생의 스승이라고 할 만한 분이 있으세요? 직접 만났던 분들 중에.

정   안병영 전 교육부 장관이 저에게 개인적으로 영향을 주었어요.

김   어떻게 만나게 되셨어요?

정   이명현 교수님의 소개로 알게 됐고 그분이 장관 퇴임 후에 포스코청암상 선정위원회의 위원장을 맡으셨는데 뜬금없이 저를 선정위원으로 임명하셨어요. 그 일을 함께하면서 당신께서 살아온 이야기를 간간이 들려주셨습니다. 교육부 장관 시절의 경험과 그 외 여러 가지 일을 하면서 겪은 일을 말씀하셨는데요, 제가 그분께 크게 배운 것은 균형 감각이랄까요. 아니, 균형이라기보다는 조금 더 크게 내다보면서 일을 만들어 가는 안목, 목소리 높여 주장하기보다는 주장을 실현해 가는 방법이었던 것 같습니다. 저는 교육에 관련된 경험은 있었지만 관료와 만나고 행정에 대응하는 데 많이 서툴렀고, 예전의 조직 활동 경험에 기대어 일을 하다가 어려움에 부딪히는 경우가 종종 있었어요. 그때 안병영 교수님의 말씀을 들으며 그 방면에 필요한 감각이 다듬어진 듯합니다. 그래서 그런지 서울시교육청에서 일할 때는 불편함이 전혀 없더라고요. 그분에게서 굉장히 많은 걸 배웠어요.

김   부모님은 다 살아 계시나요?

정   아버님이 작년에 돌아가셨습니다.

김   아버님과의 사별은 선생님께 어떤 경험이었나요? 아버님하고 어떤 관계셨어요?

정   묘한 관계죠. 굉장히 권위적이셨거든요. 군인 출신이었고 세상이 자기를 알아주지 않는다는 생각을 많이 하신 거 같아요. 그래서 화가 많으셨던 듯하고. 이해는 했지만 좋게 보이지는 않았어요. 저는 아버지가 시키는 대로 하지 않는 편이었고요. 6년 전에 쓰러지셨는데 치료 과정 중 수술, 중환자실 입원 등 중요한 순간은 제가 맡았어요. 사실 이별을 오래 준비한 거예요. 한 세 번 정도 다 돌아가신다고 생각했고, 의사도 마음의 준비를 하라고 했는데 불사신처럼 살아나셨어요.

김   완전히 돌아오신 거예요?

정   의식이 돌아왔을 뿐만 아니라 걷기까지 하셨어요. 뇌 지주막하 출혈이라고 95퍼센트 확률로 돌아가시는 병인데, 처음 발병했을 때도 살아나셨고, 거의 회복되다 어디에 부딪혀서 다시 출혈이 일어났는데도 살아나셨고…. 그 때마다 수술하라고 했는데 그러면 오래 못 버티시니까 제가 수술을 안 하게 했어요. 그런데 아버님이 6년 동안이나… 너무 오래 *끄셨던* 거예요. 어머니가 고생 많으셨죠.

김   저는 아버지께서 아직 살아 계시거든요. 여자들도 그럴지는 모르겠는데, 아버지가 돌아가시면 대개 남자들은 '이제 내 차례구나'라는 생각이 든다고 하는데 혹시 뭔가 달라지신 점이 있으신가요?

정   아니요. 30년은 갈 거 같으니까요.

김   그럼 앞으로 30년 동안에 있을 법한 큰 전환점은 어떤 걸까요?

정   지금 구상하는 이 일을 최소 10년 이상 하고, 그다음에는 자연하고 함께 지내고 싶어요. 내가 자연친화적이니까.

김   혹시 배우자가 먼저 돌아가신다 하더라도 잘 지내실 거 같아요?

정   그게 늘 걱정이에요. 아내가 저보다 몸이 안 좋아서 여러 가지 훈련을 권하는데도….

김   아들과의 관계는 어떠셨는지 듣고 싶어요.

정   재밌는 얘깃거리가 많은데요. 우선 자식으로서 아버지가 교장인 게 가장 불행한 거죠. 성장하는 나이에 교장의 아들이라는 입장이 되면 온갖 부담이 있죠. 스트레스가 엄청나거든요. 엄마까지 교사였으니까 더욱 그랬겠지요. 그래서 아이가 다소 냉소적인 편이었어요. 고등학교 때까지 그랬죠.

김   그런 상황이라는 걸 알고 계셨어요?

정   네. 물론 저희 부부는 나름대로의 교육철학이 있었으니까 어려서는 잘 키웠다고 생각했어요. 지금까지도 효과가 있는 거 같고요. 그런데 아이 입장에서는 중고등학교 때가 힘들었지요. 그래서 아들이 고등학교 올라갈 때 처음으로 이렇게 이야기했어요. "미안하다. 내가 정말 미안하다. 넌 처지가 참 딱한 거 같다." 고등학교 2학년 때부터는 제 이야기를 많이 들려줬어요. 제가 학교에서 골치 아픈 아이들과 부대끼면서 많이 유연해진 것이 도움이 되었지요. 아이의 이야기도 많이 들어주고, 그에 대해 제 생각을 말하면 아이가 평을 해 주는 관계였어요.

이후 아들이 재수 생활하고 대학에 입학하고 나서는 저와 아내와 아들, 세 명이 무슨 위원회 회의하듯 여러 현안에 대해서 굉장히 깊이 있는 이야기를 나눕니다. 예를 들면 교재를 만들거나, 〈바람의 학교〉 기획안을 짤 때처럼 중요한 일이 있으면 제가 초안을 만들어 "야, 검토해 봐." 하고 던져 줍니다. 그러면 아이가 자기의 생각을 말하고 함께 이야기를 나눕니다. 아들도 자기 진로를 평생교육 쪽으로 잡고 있기 때문에 관심사를 쉽게 공유할 수 있거든요.

김   늙는다는 느낌이 들 때는 없으세요?

정   있죠. 우선 제가 좋아하는 축구가 옛날같이 안 될 때 늙었다고 느껴요. 3년 전부터 그랬어요. 전에는 제가 축구하면 저 때문에 뼈 부러진 사람들이 많았어요. 그런데 언제부턴가 제가 막 금이 가는 거야. (웃음) 얼굴도 늙었더라고. 보통 5년, 심하면 10년 정도 덜 먹어 보였거든요. 그런데 근래에는 별로 큰 차이가 안 나는 듯해요. 하지만 현실을 인정하고 있어요.

김   육체적으로는 그렇고, 다른 면에서도 늙는다는 생각이 들 때가 있어요?

정   옛날이었으면 아직 끝장을 덜 봤으니까 교육 혁신을 위해 학교도 바꾸고 교육청도 바꾸고 했을 거 같은데, 지금 그렇게 전력투구하기에는 좀 늦었다는 느낌이 듭니다. 이런 느낌이 이제 내가 늙었다는 생각과 연결돼 있지 않을까요?

김   나이가 들어서 더 좋은 게 있다면 뭐예요? 예전에 안 보이던 게 보인다거나 느껴진다거나.

정   뭐라고 할까요. 세월이 갈수록 이해가 많이 돼요. 사람들이 왜 저러는지 말이죠. 물론 여전히 모르는 게 많긴 하지만, 예전과 비교하면 화나는 일이 많지 않아요. [나이 들면 대개 그렇게 되지 않나요?] 일반적으로는 그렇지 않은 거 같아요. 오히려 대접 못 받는다고, 예전처럼 알아주지 않는다고 섭섭해하고, 왜 내 말에 귀를 기울이지 않느냐면서 열 받아하는 경우가 많거든요. 그래서 잔소리가 늘고 말이 길어지기 일쑤입니다. 저는 그렇게 되고 있진 않다고 생각해요. 스스로 내려놓으면 오히려 많은 걸 볼 수 있지요.

김   죽음을 생각하면 어떠세요? 누구나 본능적으로 죽음에 대한 두려움이 있는데 혹시 죽음에 대한 철학이 있으세요?

정   심각하게 생각해 본 적은 없고요, 때가 되면 가 버린다고 생각하고 있습니다. [가 버린다는 건 뭐죠? 죽음을 선택한다는 거예요?] 지지하게 지내지 않겠다는 뜻이죠. 예를 들면 의식이 없는 채로 버텨야 되거나 거동을 못하는 상황이 오면 연명하지 않고 그냥 가는 게 낫다는 정도의 생각이에요. 이전부터도 그런 생각을 했지만 아버님이 6년 지내시는 거 보니까 그렇게 사는 건 아닌 거 같아. [그게 의지대로 되나요?] 내가 더 수련하면 할 수 있을 거 같아요. 먹는 걸로 조절할 수도 있고. 조금만 연구하면 돼요. 어렵지 않아요.

김   혹시 후회스러운 것도 있나요? 과거의 어느 순간으로 돌아가서 다시 선택하고 싶으신 게 있어요?

정   사소한 것들이죠, 뭐. 살다 보니까 어떤 경우에도 최선이나 최악은 없다는 생각이 들어요. 어떻게 풀어 나가는지가 중요하다고 생각해요. 결정적인 순간조차도, 달리 선택하면 나중에 또 생각지 못한 일을 만날 수 있거든요. 그러니 모든 상황은 어떻게 풀어 가느냐가 중요한 것이죠.

김   이제 60세이신데 지금 하시는 50+인생학교 일은 앞으로 얼마나 더 하실 거 같으세요?

정   길게 한다고 하면 욕먹을 가능성이 많기 때문에 일단 10년만 잡아 놓고 있습니다. 10년 후에 70+인생학교를 하자고 할지도 모르겠지만, 어쨌든 저는 10년만 하고 자연에 파묻혀 낚시나 하면서 지낼까 합니다. 조직 활동할 때부터 시작해서 25년 이상 하다 보니까 이제 낚시 실력이 꽤 있거든요. 시골에 내려가서 어업 내지는 농업 쪽에 종사하며 여생을 보낼까 합니다. 그러고 보니 지금 저의 생애를 돌아보면서, 중간에 1년쯤 자연 속에 들어가 있지 못했던 것이 무척 후회스럽긴 합니다.

김   언제 자연 속에서 사셨으면 좋았을 뻔했어요?

정   노동운동이나 교육 운동 끝낸 다음에 1년 정도씩은 자연 속에서 살았어야 했어요. 만약에 그렇게 했더라면, 내 마음속의 야성이 더 강해졌을 거 같아요. 생각해 보면 제 안에는 자연으로 들어가고 싶은 마음이 늘 있었던 듯해요.

김　그런데 선생님께서는 자연에 대한 원초적인 체험이 없는 편 아닌가요? 쭉 도시에서 컸고 가끔 낚시 정도 가신 거잖아요. 자연의 힘을 어디에서 느끼신 거죠?

정　어렸을 때 시골에서 자랐고, 군 복무할 때 3년 동안 최전방에 있었죠.

김　그런 경험이라면 베이비부머 세대가 많이 갖고 있죠. 귀농이나 귀촌 같은 시도도 일맥상통하나요?

정　저는 자연으로 들어가려는 시도를 적극 권장해야 한다고 생각합니다. 거기에 미래가 있으니까요. 저도 70대가 되면 힘 빠지기 전에 자연으로 가서 뭔가를 도모해 봐야 하지 않을까 생각하고 있어요.

김　선생님께서는 살면서 돈을 추구하신 적은 없나요? 돈이 목표가 돼서 살았던 시기가 있는가 하는 질문입니다.

정　그 점에서 저는 철학이 있는 편인데요. 제 생계라기보다 일에 관련된 돈 이야기입니다. 구상이 적절하고 사업의 방향이 올바르고 현실적이면 돈은 따라온다고 생각해요. 돈이 있어야 뭘 하는 게 아니라 일의 방향이 제대로 잡히지 않아서 돈이 따라오지 않는다고 봅니다. 예를 들면 터무니없이 백 몇십 억이 드는 이우학교를 세우는 일도 돈이 있어서 세운 게 아니라 이 방향이 맞아서 돈이 모인 거라고 생각하고 있고, 매사가 다 그렇다고 봐요. 그래서 사실 돈 걱정은 좀 안 하는 편입니다.

김　　올바른 방향만 잡으면 돈이 따라오듯이 네트워크도 따라
올까요?

정　　사실 네트워크는 따라오는 게 아니라 의식적으로 챙겨야
죠. 물론 따라오는 것도 꽤 있고 저절로 생겨나기도 하죠. 그런
데 신뢰하는 관계를 꾸준히 쌓아 가면서 의식적으로 챙겨야 되
더라고요. 주체를 세우는 데 핵심적인 사항이에요. 아무리 훌륭
한 기획이라 해도 신뢰를 얻지 못한 사람이 나서면 되는 일은 하
나도 없죠.

김　　신뢰를 쌓는 데는 무엇이 중요한가요?

정　　사심이 없는 것입니다. 자기 것을 챙기려고 하는 게 아니
라 의미 있는 일을 중심으로 노력해야 해요. 그래서 결정적인 순
간에 무엇을 기준으로 판단하는가가 중요합니다. 사람 속이야
온갖 게 다 섞여 있죠. 하지만 그 사람이 살아온 궤적을 보면 어
떤 결정을 할 때 무엇을 기준으로 했는지를 알 수 있어요.

정광필 선생은 나의 친형과 동갑이다. 그래서 더욱 친근하게 느꼈던
것 같고, 실제로 내가 청소년 시절 지켜본 형의 대학 생활을 떠올리면
서 인터뷰할 수 있어 좋았다. 그러다 문득 떠오른 의문 하나. 나는 형
의 인생을 얼마나 알고 있는가. 정광필 선생과 네 번에 걸쳐 8시간 정
도 아주 농밀한 대화를 나누었는데, 형과는 살아온 이야기를 1시간도
나누지 못한 듯하다. 누구나 대개 그럴 것이다. 가족은 친숙하지만,

서로의 깊은 목소리는 주고받을 기회가 별로 없다. 이번 작업을 하면서 그런 생각이 들었다. 가족을 포함해서 가까운 친구들의 삶을 낯선 시선으로 바라보며 그들의 이야기를 세밀하게 들어 보고 싶다고.

나는 정광필 선생과 친밀한 사이가 아니었다. 하지만 긴 대화를 하며 선생이 공적인 영역에 열정을 바치면서도 사적 관계를 소중하게 가꿔 왔고, 사회의 부조리와 거칠게 맞서면서도 자기와의 대화를 중단하지 않았음을 확인할 수 있었다. 그의 생애를 함께 돌아보고 지금 당면한 과제들을 짚어 보며 향후 여생에 대한 생각을 나누는 가운데 사람과 세상에 대해 어떤 자세를 가져야 하는지도 깊이 성찰했다. 새로운 세상에 대한 열망과 인간에 대한 신뢰를 함께 지니고 세월을 치열하게 밀고 나가는 몸짓에서 삶의 경외감마저 느꼈다. 정 선생은 자아를 보살피되 개인적인 치유나 안위에 머물지 않고, 구조적인 문제의식을 갖되 도식적인 거대 담론에 치우치지 않는 균형 감각을 견지하시는 듯하다. 그는 일상과 문화가 바뀌지 않으면 사회는 달라지지 않는다고 보면서 베이비부머 세대의 지속가능한 변화를 꾀하고 있다.

지금 한국 사회는 중대한 기로에 서 있다. 사회 각 분야에 오랫동안 누적되어 온 부조리와 모순을 청산하면서 합리적인 체제와 인간적인 공동체를 만들어 가는 데 많은 진통이 따르고 있다. 커다란 틀은 교체된 듯하지만, 세부적인 영역들에서 해결해 가야 할 과제가 엄청나게 많다. 베이비부머 세대는 효과적인 지렛대가 될 수 있다. 인구 규모가 막대할 뿐만 아니라, 사회에 끼치는 영향력이 크기 때문이다. 이들이 변화하지 않고 기득권 세력이 된다면 젊은 시절 민주화 운동으로 이룩

한 공은 빛이 바랠 것이다. 반면에 역사적 소명을 새롭게 자각하고 변화를 주도한다면 다음 세대에 커다란 선물을 건네줄 수 있다.

노동운동에서 교육 운동을 거쳐 노년 공동체 운동에 헌신하는 선생의 삶에는 우정과 연대를 향한 일관된 탐구가 흐르고 있다. 선생의 끝없는 도전에는 개인적인 행복을 누리면서도 시민의 의무를 이행함으로써 풍요로운 사회를 일궈 갈 수 있다는 믿음이 깔려 있다. 선생의 굳건한 발걸음에서 새로운 존재의 밑그림을 그려 본다. 우여곡절의 생애 경로에서 체득된 지혜와 용기의 씨앗들은 지금 어디에 어떻게 뿌려지고 있는가.

베이비부머
세대는
무엇으로
사는가?

보론

사회자　　오늘 사회를 맡은 저는 수원시 평생학습관에서 일하고 있는 정성원이라고 합니다. 반갑습니다. 오늘 날씨도 좋은데 어디 외국 여행도 안 가시고 이렇게 참석해 주신 여러분께 감사드리며, 토론회에 참여해 주신 세 분을 간단하게 소개해 드리겠습니다. 제 옆에 여성학자이신 조주은 선생님이십니다. 그 다음에 문학평론가 고영직 선생님, 사회학자 김찬호 선생님이십니다.

　그럼 한국의 베이비부머 세대가 멋진 노년을 보내려면 무엇이 필요한지에 대해 토론해 보겠습니다. 대한민국은 참 잘 사는 나라죠. 경제 규모로 따지면 세계 11위입니다. 한국전쟁 직후에는 뭐 자원이 있습니까? 특별한 기술이 있습니까? 거의 삽과 곡괭이, 노동으로 폐허를 다시 일구고 힘겹게 경제적 성과를 이루어 왔지요. 최빈국이었던 나라가 이렇게 경제 대국이 된 것은 세계에서도 유례가 없는 일이라고 해요. 기적에 가까운 일인 거죠. 그래서 많은 나라가 한국을 부러워하기도 하고 칭찬도 하고 있는데, 세상에는 하늘에서 갑자기 뚝 떨어지는 기적이란 없는 거잖아요. 그 기적은 베이비부머 세대의 힘겨운 노동이 있었기 때문에 가능했던 거죠.

또 베이비부머 세대는 1987년도에 민주화 운동으로 민주주의를 살려 냈고 지난겨울에 촛불로 몰상식한 정권을 끌어내렸죠. 한마디로 얘기하면 경제적 성과뿐만 아니고 한국의 민주주의 지평을 넓혀 가며 혁혁한 공과를 세웠던 세대가 바로 베이비부머 세대입니다. 한국 사회 구성원은 이런 베이비부머 세대에게 깊은 감사를 표해야 하고, 베이비부머 세대는 존경을 받아 마땅하다는 생각을 합니다.

이제 베이비부머 세대가 나이가 들었잖아요. 노년에 접어들었습니다. 현재 노년이라고 하면 나이 든 사람을 의미합니다. 그런데 베이비부머 세대는 그 전 세대의 노인과는 확연히 다른 특질이 있어요. 학력 수준도 그렇고 경제력도 그렇고 사회적인 경험의 질과 양을 따져 봐도 그 이전 세대와 다릅니다. 특히 노년에 제2의 삶을 살고자 하는 욕구가 굉장히 강렬합니다.

사실 현재 한국 사회에 있는 노년에 대한 거대 담론은 굉장히 많아요. 그에 비해 베이비부머 세대를 개별적으로 살펴보는 미시적 담론은 굉장히 적습니다. 그래서 여기 계신 사회학자, 문학 평론가, 여성학자께서 직접 당사자들을 만나 이야기를 듣고, 그들이 베이비부머 세대로서 어떤 삶을 살아왔으며 앞으로 어떤 삶을 설계하고 있는지 집중적으로 탐구해 봤습니다.

먼저 베이비부머 세대의 초상을 다각도로 보여 줄 수 있는 세 분을 선정했습니다. 이후 세 분과 토론자 분들이 개별적으로 인터뷰를 했고, 인터뷰 내용을 바탕으로 오픈 토크를 세 차례 진행했습니다. 오늘 토론회는 오픈토크의 마지막 자리로, 전체 내용을 종합 정리하는 시간이 될 것입니다. 아무쪼록 토론회가 여러분께 조금이나마 도움이 됐으면 좋겠다는 생각을 하고 있습니다.

그동안 수차례 인터뷰이와 심도 깊은 인터뷰를 했는데요, 이 내용을 기반으로 해서 궁금한 내용을 한번 풀어 보도록 하겠습니다. 제가 여러분들이 궁금해 하실 만한 내용들을 미루어 짐작해서 질문을 한번 뽑아 봤습니다.

첫 번째 질문입니다. 아마 현재 베이비부머 세대는 부모를 봉양하는 마지막 세대가 아닐까 생각합니다. 인구학적으로 봐도 베이비부머 세대는 한국 사회에서 굉장히 두터운 층을 이루고 있잖아요. 그래서 베이비부머 세대에 왜 주목해야 하는지 그리고 이들의 노년은 어떻게 될 것인지에 대해 이야기해 보도록 하겠습니다. 이 문제는 아마 김찬호 선생님께서 사회학적 시각으로 한번 살펴보시면 어떨까 싶습니다.

김찬호   네. 베이비 붐이라는 건 20세기에 나타난 현상이고요. 전쟁이 끝나고 나서 갑자기 출산이 확 늘어나는 현상이 두드러진 나라가 미국, 일본, 한국입니다. 미국은 1946년에서 1965년 정도, 굉장히 길죠? 한 18년 정도 됩니다. 일본은 아주 짧아요. 1947년에서 1949년인데, 일본에서는 베이비부머 세대라는 말을 거의 안 쓰고 단카이團塊 세대라고 합니다. 단카이는 이 세대의 인구수가 상대적으로 많아서 인구분포도를 그리면 덩어리 하나가 불룩 튀어나온 것처럼 보인다고 해서 붙은 이름입니다. 다른 데서는 안 쓰는데 일본에서만 그렇게 쓰더라고요. 한국은 연령대로 보면 1955년에서 1963년 정도, 10년이 좀 안 됩니다. 그러고 나서 뒤에 2차 베이비부머 세대가 약간 있긴 합니다만.

미국, 일본, 한국을 보면 어느 나라든 베이비부머 세대는 공통점이 있습니다. 위 세대와 차별화된 문화를 갖게 된 건데요. 미국의 히피가 위 세대에 본격적으로 저항한 첫 세대입니다. 옛날에도 세대 갈등이 없었던 건 아니지만 이렇게 세대가 하나의 의식을 가지고 정체성을 공유하면서 기성세대와 맞짱을 떴던 그런 예는 없지 않을까요. 한국을 봐도 통기타, 청바지, 생맥주로 상징되는 대학생이 그렇게 많지 않았습니다. 그 위 세대에 비해서 고학력이긴 하지만 그래 봐야 대학 진학률이 24퍼센트 정도입니다. 제가 1981년에 대학 들어갈 때쯤에야 대학 정원이 약 30퍼센트 정도 됐죠. 그래도 그 위 세대에 비해서 훨씬 많은 거라고 볼 수 있습니다. 해방 당시 우리나라 문맹률이 78퍼센트였으니까요.

베이비부머 세대가 첫 20살이 되는 해(1975년)에 나온 영화가

〈바보들의 행진〉입니다. 이 영화는 대학생이 주인공으로 등장한 첫 번째 영화라는 점에서 영화사적으로 깊은 의미가 있습니다. 영화 속에는 대학가의 여러 풍경, 독재 정권 아래에서 형성된 음울하고 허무주의적인 모습들이 나타납니다. 젊은이들의 애환을 잘 담아냈는데 그런 영화가 베이비부머 세대가 대학생이 됐을 때 나왔다는 건 중요한 의미가 있다고 생각합니다. 한창 산업화가 진행되는 상황에서 이 세대가 정치적인 문제의식을 공유하기 시작한 거거든요.

물론 그 앞에 4·19세대도 있고 하지만 그게 길게 이어지지는 못했던 거 같고요. 유신 정권이 아주 삼엄해지는 그 무렵에 베이비부머 세대들은 정치적이고 역사적인 의식을 깨우치고, 위 세대와 다른 세대 의식을 갖게 되었습니다. 위 세대는 옛날 거라면 지긋지긋해 하거든요. 탈춤이라든지 판소리라든지. 그런데 이 세대는 탈춤과 같은 민중문화를 새로운 콘텐츠로 끌어들입니다. 베이비부머 세대가 거의 끝날 즈음에 80년대 학번이 시작되니까, 베이비부머 세대부터 그 아래 세대까지 공유하는 게 상당히 많다고 할 수 있어요.

아까 부모를 모시는 마지막 세대라고 말씀하셨는데 베이비부머는 또 자녀한테 봉양받지 못하는 첫 세대라고도 얘기하죠. 다른 한편 학력 면에서는 위 세대보다 높을 뿐만 아니라 자녀 세대보다도 높은 경우가 종종 있어요. 자신은 대학원까지 나왔는데, 자녀는 대학 졸업에 그친 경우지요. 그래서 노년을 구상하는 데 있어서 상당히 다를 거 같아요. 학력 자본, 문화 자본 같은 게 상당히 갖춰져 있기 때문에 아마 같은 노년이라고 해도 노년 세대에 진입했을 때 전혀 다른 의식을 갖지 않을까 생각합니다. 앞으로 베이비부머 세대의 노년이 어떻게 될까에 대해서는 첫 번째 논의를 진행하면서 얘기했으면 좋겠습니다. 다른 분들도 또 얘기하실 게 있을 거 같아요.

고영직 　네. 안양에 이웃한 군포시에 소설가 성석제라는 분이 살고 계세요. 성석제 선생님이 2014년에 발표한 장편소설 중에 《투명인간》이라는 작품이 있습니다. 베이비부머 세대 당사자의 입장에서 쓴 작품인데요, 주인공 이름이 김만수예요. 착한 사람 김만수가 경상도 산골에서 어떻게 태어나 상경해서 가족을 이루었고 또 어떻게 사업을 했다가 망하고 빚을 갚기 위해서 어떤 노동을 하는지 쭉 이야기합니다. 김만수 씨는 끝내 빚을 다 갚는데요, 결론은 마포대교에서 자살을 하는 것으로 열어 놓습니다.

앞서 김찬호 선생님은 세대에 대해 사회학적으로 말씀해 주셨습니다만, 성석제 선생님은 작가로서 문화적인 차원에서 자기 세대를 해부하는 작품을 쓰셨습니다. 특히 베이비부머 세대가 왜 그렇게 정치적으로 보수화되는가를 규명하려고 했다는 생각이 듭니다. 이 책을 보시면 베이비부머 세대를 더 중층적으로 읽어 낼 수 있지 않을까라는 생각이 듭니다.

조주은 　여성 입장에서 한마디 조금 보태면요, 베이비부머 세대 여성들의 삶을 이렇게 정리할 수 있을 거 같아요. 여성들은 이제 자녀 양육을 어느 정도 끝내고 대학도 보냈으니 '내가 이제 부모로서, 엄마로서의 역할이 끝났나 보다'라고 생각해요. 그런데 그때부터 시부모와 친정 부모님이 편찮아지셔서 자녀 양육에 이어 어르신들을 돌봐야 하고 병원에 왔다 갔다 하게 됩니다. 이처럼 여성들의 삶은 그 대상이 조금 바뀔 뿐이지 돌봄의 연속인 것 같다는 생각이 듭니다.

여성들이 거의 다른 데 역량을 쏟기보다 주로 아이 양육을 하고 그다음으로는 어르신 돌봄, 또 자기 자식들이 결혼해서 아이를 낳으면 어르신을 돌보면서 손주까지 같이 돌보게 되는 거지요. 정작 본인은 나중에 아프면 누가 돌봐 줄 사람도 없고, 간병인이 있는 특약 종신보험에 가입해야 하기도 합니다. 여성의 삶은 이런 특징이 있는 것 같습니다.

김 말씀을 듣다 보니까 베이비부머 세대까지도 남녀차별을 크게 받았다는 사실을 상기하게 됩니다. 여성은 아예 학교를 보내지 않은 경우가 많았던 위 세대보다 조금 나아지긴 했어도, 대학 진학에는 남자 형제들에게 양보를 강요당한 경우가 꽤 많았거든요. 그래서 나중에 자기 오빠나 남동생이 대학을 나와 사회적으로 많은 혜택을 받는다는 사실을 알고 자녀의 대학 진학에 엄청난 집착을 보이기도 합니다.

사 제 형제가 3녀 2남인데요, 누나들이 차별을 많이 받았어요. 첫 번째부터 세 번째까지 다 딸만 낳았거든요. 저희 어머님이 시어머니께 얼마나 많은 눈총을 받았겠어요. 첫째만 해도 뭐

그러려니 했겠죠. 둘째 딸 낳을 때까지도 괜찮았는데 셋째 딸 낳으니까 집이 초상집 분위기가 됐어요. 어머니가 어떻게 해요. 점쟁이를 찾아갔습니다. 다음에 아들을 낳을 수 있도록 셋째 딸에게 좋은 이름을 지어 달렸어요. 그래서 저희 셋째 누나 이름이 정유남, 있을 유에 사내 남이에요. 그러니까 누나 이름의 정체성은 오직 아들, 남동생을 갖기 위한 정체성밖에 없는 거죠. 하여튼 점쟁이가 굉장히 용해서 그랬는지 확률상 제가 태어날 확률이어서 그랬는지 어머니가 드디어 아들을 낳으셨지만, 저희 누나는 많은 차별을 받고 자랐습니다. 동일한 질문에도 이렇게 사회학, 문학, 여성학의 입장에서 서로 다른 답을 들으니까 좋네요.

건강하고 의미 있는
인생 2막을 위하여

사　사람은 서서히 변하지 확 변하지 않잖아요. 어느 날 갑자기 확 변하면 주변에서 뭐라고 해요? "너 미쳤냐?"라고 그러잖아요. 사람들은 서서히 변하기 마련이고 그래서 그 사람이 살아온 과거를 보면 미래를 추측해 볼 수 있는데요. 정광필, 최영식, 김춘화 이 세 분은 토론자 세 분을 통해서 자기 삶을 돌아보는 과정을 거치게 됐습니다. 이렇게 자기를 돌아보는 것이 어떤 의미로 남을 수 있을까요? 또 앞으로 펼쳐질 삶에 어떤 실마리가 될 수 있을까요?

고　신화학자 조지프 캠벨이 쓴 어떤 책을 보니까 베이비부머 세대가 겪는 경험이 인류사에서 단 한 번도 있어 보지 않은 경험이라고 그래요. 사실 그랬죠. 이게 사람은 자기 자신을 설명하려면 서사가 중요하잖아요. 나는 뉘 집의 몇째 아들이고 고향은 어디고…. 서사성이라는 게 뭐겠습니까. 자신이 누구인지 설명해 줄 수 있는 이야기가 아니겠습니까. 그런데 초고령화 현상처럼 인류사에서 한 번도 겪어 보지 못한 일을 겪게 되면 개인의 차원에서건 집단의 차원에서건 간에 기존의 서사는 큰 의미가 없게 됩니다. 새로운 서사가 필요해지는 것입니다. 이 점에서 우리는 지금 혼란을 겪고 있는지도 모르겠습니다. 그래서 베이비부머 세대가 공유하고 있는 배경에 대한 공부나 담론이 중요한 거 같아요.

　제가 참 좋아하는 우루과이 작가 에두아르도 갈레아노라는 분이 계신데, 그분이 인간의 세포는 분자가 아니라 이야기로 구성되어 있다는 아주 멋진 얘기를 해요. 나라고 하는 인간은 어떤 인간이고 나는 어떤 이야기의 일부이며 나는 또 어떤 이야기의 주인공이고 싶어 하는가를 물어본 것이라고 생각합니다. 마찬가지로 제가 '누가 이 길을 가라 하지 않았네'라는 제목을 붙이긴 했습니다만, 최영식 선생님의 삶이 지금과 같은 방향으로 온 것은 자기 앞에 놓인 인생을 자기만의 이야기로 만들고자 하는 목마름이 있었기 때문이 아닌가 싶습니다.

김   전통 사회에서 노인들은 남녀 불문하고 상당한 권위가 있었고요, 사회적 영향력도 있었죠. 가족이든 지역사회에서든 노인들의 말에 귀 기울였습니다. 유목민은 조금 다를 수 있는데, 농경사회에서는 노인들의 삶에 축적된 지혜가 사회의 중요한 콘텐츠였어요. 지금으로 말하면 데이터베이스 같은 역할을 했죠. 또 실용적인 걸 떠나서 그분들의 삶 자체가, 그 존재가 사람들에게 엄청난 무게감으로 스며들어 있었어요. 어릴 때부터 봤던 저 할아버지의 생애를 공유하는 거죠. 그런 상황에서는 개인이 존재의 뿌리를 의심하지 않았습니다. 가난은 했을지언정.

물론 그 위 세대도 전쟁으로 인한 혼란을 겪었죠. 그 점에서는 비슷할 수 있지만, 베이비부머 세대 역시 고도 성장기에 맞춰 계속 끊임없이 나아가기만 했습니다. 자기 삶의 궤적을 한 번도 짚어 보지 못한 거예요. 그래서 생애의 새로운 전환기에 접어들어섰을 때쯤 자기 생을 한번 추슬러 보고 그 과정에서 자기가 누구인지를 느껴 볼 때, 새로운 기획이 나올 수 있다고 봅니다. 그 안에 구체적인 실마리도 있을 수 있지만 일단 '내가 한 인간으로서 누구도 겪지 않은 나만의 삶을 살았구나' 하고 인식해 보는 거지요. 부끄러움도 있고 상처도 있고 후회도 있겠지만 그걸 모두 긍정하면서 새로운 삶을 꿈꿔 보는 계기가 될 수 있겠다는 생각이 듭니다.

조   누가 어떻게 태어나서 어떻게 자라 왔는지를 쭉 들어 보면 그게 그 한 사람의 이야기가 아니에요. 우리는 한 사람의 일생을 돌아보는 과정에서 그 사람이 가족, 지역 공동체, 국가와 어떻게 상호작용했는지 알게 됩니다. 예를 들어 6·25전쟁이라고 하면 '난리가 났을 텐데 당시 사람들은 어떻게 먹고 살았을까?'라는 생각을 합니다. 하지만 당시 아주 시골에 살았던 사람들을 인터뷰해 보면 전쟁이 났는지도 모르고 살았다고 하거든요. 우리는 이런 이야기를 통해서 6·25 전쟁을 새롭게 해석할 수 있는 부분을 발견하게 돼요. 그래서 그동안 우리 사회에서 주목받지 못했던 사람이나 집단을 알고자 할 때는 통계나 설문지를 사용하기보다 구술로 생애사를 인터뷰합니다. 이런 방법을 질적 연구라고 하죠.

저는 김춘화 선생님의 생애사에 대해 이야기를 나누면서 앞의 두 선생님하고 조금 다른 특성이 있다는 걸 발견했어요. 김 선생님은 봉사활동을 많이 하시지만, 흔히 사적이라고 여겨지는 가족 안에서 평생을 사셨어요. 자신의 1차적인 정체성이 아내, 며느리 그리고 딸이었죠. 그래서 공적인 영역에서 자기의 공식적인 직함을 갖고 있거나 자기 이야기를 대중 앞에서 말했던 경험이 사실 거의 없었어요. 그러다 보니까 선생님이 살아온 얘기를 제게 하신다는 것은 굉장히 큰 용기를 필요로 하는 일이었습니다.

만약 제가 여기 계신 여성분들께 '그동안 살아오신 얘기 한번 해 주세요'라면서 마이크를 들이댄다면 여성으로서 살면서 느낀 애로사항과 아픔을 쭉 얘기하기가 쉽지 않을 수 있어요. 남성 분들은 모르겠지만 여성 분들은 남편을 의식하게 될 수 있거든요. 남성들은 공적인 인간으로 살아와서 공적으로 자기 얘기를 하는 게 익숙할 수 있습니다. 반면 여성들은 아내와 어머니로서의 삶을 살아왔다 보니까 자기 얘기를 쭉 하다 보면 남편 혹은 자식과의 관계에서 속상했던 이야기를 안 할 수가 없어요. 자기 얘기를 한다고 해도 남편의 얘기이기도 하고 자식 얘기이기도 하죠. 그래서 여성 분과 얘기하면 처음엔 다 자기의 가족과 관련된 허물을 드러내려고 하지 않아요.

그런데 이야기를 하다 보면 결국 자신의 생애사를 되짚어 보게 됩니다. 지금까지는 착한 여자가 돼야 한다는 교육을 받고 그냥 '좋은 게 좋은 거지' 하며 덮어 왔다면, 한 인간이자 여성이자 아내이자 어머니로서의 삶을 한번 쭉 되돌아보면서 자기가 지금 서 있는 위치를 보게 되는 것이죠. 여성이 자기 얘기를 한다는 것은 역사 속 자신의 위치, 사회와의 관계에서 내 아픔이나 나를 짓누르고 있는 것이 무엇인지를 분명하게 알게 되는 계기이지 않을까요.

늙은 사람은 비효율적인 사람이라는 낙인은 농경 사회보다 자본주의 사회에서 상대적으로 큽니다. 중세까지만 하더라도 나이 든 사람들은 생산 공동체에서 자기의 역할을 할 수 있었는데 지금은 정년이라는 게 있잖아요. 퇴직해서 일을 안 하게 되는 순간 그냥 경제적인 능력이 없는, 비생산적인 인간으로 취급당하는 측면이 있기 때문에 젊음에 대한 숭상도 큰 편이에요. 여성들은 거기에 더해서 아름다움에 대한 강박을 느낄 수 있습니다. 특히 여성들에게 나이 듦은 배격의 대상입니다. 오죽하면 화장품 이름도 'Anti-aging'일까요.

그러다 보니 우리나라는 젊음에 대한 추앙과 나이 듦에 대한 공포가 심합니다. 하지만 100세 시대가 됐잖아요. 50세, 60세면 이제 인생 반 정도 산 거거든요. 사회적으로는 퇴장한다는 의미가 있지만 또 남은 인생을 새롭게 준비해야 한다는 과제가 있습니다. 여러분들은 김춘화 선생님처럼 남은 삶을 새롭고 희망적으로 보고 살아가는 분의 인터뷰를 통해 노년을 건강하고 활기차게 살 수 있는 지혜를 얻게 되지 않을까 생각합니다.

희망의 노년, 성숙한 중년이 되는 법

사　이번에는 한 분 한 분께 질문을 던지도록 하겠습니다. 제가 모두 발언에서 한국이 고도의 압축 성장을 해서 현재 경제 대국 11위에 있다고 말씀을 드렸어요. 하지만 시민 의식이 거기에 조응하지 못한 것이 사실이죠. 공공 문제에 관심을 갖고 발언하고 책임지는 사람, 이런 사람을 우리가 시민이라고 하는데 아직 시민 의식은 경제 수준을 따라가지 못하고 있는 게 사실입니다. 현재 베이비부머 세대들이 공적 세계와 공공의 문제에 어떻게 참여할 것인지, 그리고 사회에 공헌하면서 자기 삶을 바꾸어 나갈 수 있는지 궁금합니다. 이에 대한 대답이 노년의 삶에 중요한 실마리가 될 수 있지 않을까 싶은데요. 이 문제와 관련해서는 김찬호 선생님께 질문을 드리겠습니다.

김　아까 말씀드렸듯이 베이비부머 세대는 정치적으로 역사를 바꿔 본 경험이 있습니다. 1987년에 민주화가 되긴 했어도 그때까지 넥타이 부대가 있었으니까요. 독재 정권을 무너뜨렸다는 사실을 바탕으로 세대 전반이 유대감과 자부심을 공유하고 있어요. 이렇게 보면 한국 사회에 공적 세계가 자리를 잡은 듯해 보입니다. 하지만 사실 말도 안 되는 불합리한 정권을 무너뜨린 거지 공적 세계를 적극 창출하고 시민사회를 만들고 책임지는 경험은 아니었습니다. 이건 정권과 잠깐 싸운 겁니다.

그 후 대부분은 일터에서 돈 버는 삶을 살았어요. 베이비부머 세대가 한창 경제활동을 할 때는 워낙 기회가 많았기 때문에 IMF 전까지만 해도 굉장히 승승장구했습니다. 독재 정권과 싸웠지만 한편으로는 경제적 성취와 재산 증식에 맛을 들인 거죠. 아마 그 점에선 베이비부머 세대만큼 혜택을 누린 세대가 없을 거 같아요. 그런데 늙어서 퇴직을 할 무렵이 되니 사회적인 위치가 상당히 애매해졌습니다. 촛불 집회 정도는 나가지만 그건 비일상적인 일이죠. 그렇다고 가정에서 가족들과 오붓한 관계를 맺었냐면 그것도 아니에요. 위 세대와 다르지 않은 거 같아요. 공적 세계라고 해 봐야 직장에서의 관계 위주로 만들어 왔는데 퇴직을 하면 그게 끊어지잖아요. 제 주변에서도 직장을 그만둔 후에 하루를 어떻게 보낼지 모르는 분들이 많이 있더라고요.

그래서 여러 층위에서 공적인 활동을 하시는 게 필요합니다. 소박하게 지역 활동, 자원봉사부터 시작할 수 있는데요, 전 여기서 정치적인 활동을 강조하고 싶습니다. 왜냐하면 베이비부머 세대가 인구 층이 두텁거든요. 그런데 인구 층이 두터운 것 하나만으로도 굉장한 특권을 가지더라고요. 네트워크가 엄청나게 넓어서 사회를 장악하게 되거든요. 회사에서는 밀려났을지 모르지만, 아래 세대는 머릿수에서 이 세대에게 상대가 안 돼요. 이 사실이 언제 문제가 되냐면, 베이비부머 세대가 65세 이상이 됐을 때 정치적 이해관계에 따라 노년층에 유리한 정책만 계속 표를 찍어 줄 경우예요. 이렇게 되면 아래 세대에게 정말 엄청난 짐이 될 거 같아요. 다른 나라도 대부분 노인당이 있긴 한데, 베이비부머 세대가 꼭 그렇게 가야 되나 싶습니다. 필요한 만큼은 자신들의 이해관계를 관철시켜야겠지만 아래 세대를 위해 다른 방식으로 의사를 표현하지 않으면 우리가 두고두고 차별당할 수도 있겠다는 생각이 듭니다.

그리고 공적 세계와 약간 다른 결이긴 한데요. 공동체나 지자체 차원에서 할 수 있는 역할들, 사회적 경험이 있거든요. 직장 생활도 해 봤고 나름대로 여러 가지 경험이 있기 때문에 노후에 한 자리 차지하는 게 아니라 자신의 경험을 사회적 자산으로 만드는 모델들이 많이 나와야 된다고 생각합니다. 생활 정치 차원에서요.

사 　 노인의 투표권에 관해서 잠깐 언급을 하셨는데요. 노인층이 많아지면서 한국 사회를 노인층이 과잉 대표하는 측면이 발생하기 시작했습니다. 하지만 그렇다고 해서 노인들이 투표를 못하게 하면 안 되잖아요. 그래서 저는 투표 가능 연령을 좀 끌어내리면 어떨까 싶습니다. 한국 사회에는 노인뿐만 아니라 다양한 연령대가 살고 있는 만큼 청소년까지 투표에 참여시켜야 할 필요가 있지 않겠습니까. 그래야 사회적으로 각 세대의 대표성이 좀 균형 있게 갖춰지지 않을까요. 단순히 청소년은 아직 어리니까 투표하지 말라고 하는 게 아니고 한국 사회 전체를 보고 투표권을 조금 더 넓힐 필요가 있겠다는 생각이 듭니다.

다음으로 문학평론가 고영직 선생님께 질문을 던져 보도록 하겠습니다. 매년 세계적으로 치안, 주거, 소득 등 11개의 지표를 가지고 행복 지수를 측정해서 발표하는데요. 한국은 아직 하위권을 탈출하지 못하고 있습니다. 그런데 11개 중에서 가장 나쁜 게 공동체 부문입니다. 한국 사람들이 공동체에 실망하고 절망하고 있다는 걸 반증하고 있죠. 사실 공동체 문제에 개입하는 것은 개인적으로 조금 불편할 수 있어요. 공동체 문제를 회피하면 사적으로 편하게 지낼 수 있거든요. 그래서 사람들이 아직 공동체 문제에 개입을 잘 안 하는 모습이 조금 보입니다. 반면 어떤 사람은 공동체 문제에 적극적으로 개입하는데요, 공동체를 생각하는 삶의 태도는 어디에서 올까요?

고 사회자께서 해 주신 말씀은 GNH라는 지표와 관련이 있다고 봅니다. 기존의 GDP는 숫자로 경제적 발전 정도를 표현하잖아요. GNH는 다릅니다. 경제 발전은 국민의 삶의 질과 행복을 높일 수 있는 방향으로 추진되어야 한다는 취지에서 도입한 지수입니다. GNH에서 H가 happiness거든요. UN에서 조사한 바에 따르면 한국은 사회자님 말씀대로 커뮤니티(공동체 활력) 부문이 가장 낮아요.

최영식 선생님의 아버님 고향이 전라남도 구례군인데요. 구례군 토지면이 고향입니다. 토지면에는 아주 유명한 99칸짜리 기와집이 있어요. 정조 때 유이주라는 사람이 지었지요. 운조루에는 아주 유서 깊은 쌀뒤주가 하나 있어요. 쌀뒤주에 타인능해他人能解라는 글자가 새겨져 있는데 타인능해란 '누구든 이 쌀뒤주를 열 수 있다'는 뜻이에요. 저는 이 이야기를 듣고 최영식 선생님이 어린 시절부터 암묵적으로 공동체 지향적인 태도를 알고 계셨을 것이라고 짐작하게 되었습니다. 우리가 안다고 하는 것은 지식만 뜻하는 게 아니지 않습니까. 의식적으로 인식하기만 하는 것이 아니고 할 줄 안다는 게 중요하죠. 베이비부머 세대뿐만 아니라 어르신 세대가 다른 사람에게 친절을 베풀 줄 알고, 더 나아가서는 한 사람의 시민으로서 자신의 역할을 '제대로 할 줄 아는' 차원으로 확장해 가는 것이 진정한 앎이라고 할 수 있을 것 같습니다. 이렇게 앎의 세 가지 차원이 적절하게 조화를 이룰 때 커뮤니티에 대한 감각이 생기게 되는 듯합니다.

안양자유공원에 어르신들이 가시는 게이트볼 경기장이 있는데 항상 문이 잠겨 있다고 그래요. 예전에 제가 어릴 때만 하더라도 공원이나 이런 데 풀이 자랄 틈이 없었어요. 하도 애들이 싸돌아다녀서. 하지만 지금은 어르신들이 점유를 하셨어요. 아이들은 학원에 다니느라 바쁘고요.

제가 10여 년 전에 전주 효자문화의집에서 책 읽어 주는 봉사를 하시는 어르신하고 인터뷰를 하다가 들은 말이 참 잊히지 않습니다. 이런 일을 하시면서 어떤 보람을 느끼시냐고 여쭤보니까 "먼저 산 사람으로서 책임을 다해야지."라고 말씀하셨어요. 저는 특히 공동체를 생각한다면 베이비부머 세대나 그 위 세대나 젊은 사람들이나, 같은 세대끼리만 소통하는 게 아니라 다른 세대와 소통하는 태도가 필요하지 않을까 생각해 봅니다.

사 이번에는 여성학자인 조주은 선생님께 질문을 드리겠습니다. 인터뷰하신 김춘화 선생님이 봉사의 달인이라고 말씀해 주셨는데요. 자원봉사도 지역 공동체에 참여하는 하나의 방법이죠. 지역 공동체에서 자원봉사를 한다는 것이 삶에 어떤 의미가 있는지, 이때 남성과 여성의 차이가 있는지 궁금합니다.

조 제가 낮에는 국회입법조사처라는 기관에서 입법조사관 일을 하고 있는데요. 주로 여성, 가족과 관련된 업무를 해요. 그러다 보니 국회의원실에서 성폭력, 가정 폭력, 아이 돌보미, 한

부모 가정 지원 등 여성과 관련한 여러 가지 정책이나 제도에서 부족한 점을 알기 위해서 조사 분석 요구서를 요청하세요. 지금 있는 제도의 문제점이 무엇이며 외국에서는 어떻게 하고 있고 이 제도를 조금 더 잘 운영하기 위해서는 어떤 개선 방안이 필요한지 물어 보시는 거죠. 그런데 제가 볼 때는 여성, 가족 분야는 제도나 법이 어느 정도 잘 돼 있어요.

그래서 저는 요즘에 정책적으로나 제도적으로 개선하는 작업에 한계가 왔다는 생각을 합니다. 좋은 제도가 이미 많으니, 이제는 제도가 지역 공동체에서 어떻게 뿌리내릴 수 있는지를 고민해야 되지 않을까 합니다. 어떤 법을 만들어서 시설을 짓는다 해도 24시간 운영하는 것이 아니기 때문에 비는 시간이 있어요. 시설에만 의존할 수는 없는 거죠. 또 시설에 아이를 데려가고 데리고 오는 걸 해 줄 수 있는 누군가가 필요할 수도 있어요. 하지만 그건 지역사회 구성원이 해 줄 수도 있는 거거든요.

우리의 정책은 법과 제도를 만드는 게 아니라 어떻게 하면 지역 공동체가 상생하는 따뜻한 공동체가 될 수 있을지 고민하는 방향으로 가야 한다고 생각합니다. 밥 공동체일 수도 있고 돌봄 공동체일 수도 있죠. 저희 딸이 고3 때였는데 중간고사를 10시까지 가서 봐야 됐었어요. 차라리 아침에 일찍 가면 제가 깨우고 갔을 텐데 10시까지 가면 되니까 '일어나라'고 말만 하고 나갔어요. 그랬는데 9시 50분에 학교에서 전화가 왔어요. 우리 애가 안 왔다고. 시험이 10시에 시작하는데 말이에요. 그때 제가 옆집 아니면 앞집 누군가의 전화번호만 알면 얼른 전화해서 '우리 애 좀 빨리 깨워서 택시 태워 학교 보내 주세요'라고 했을 거예요. 그런데 전화 걸 데가 없더라고요. 관리 사무소에 계신 경비 아저씨 핸드폰으로 전화할까도 생각했는데 경비 아저씨가 남자인 게 또 걸리는 거예요. 자는 애를 경비 아저씨가 깨우는 게 좀 그렇잖아요. 그날 결국 시험을 아예 못 봤어요. 지역 공동체가 활성화되어 있었다면, 그 지역의 아는 할머니나 옆집 할머니 전화번호라도 있었다면 가서 문 두드려 우리 애 학교 보내서 시험은 봤을 텐데 말이에요.

저도 나이 들면 아주 작은 분야에서라도 제가 갖고 있는 능력을 발휘해서 지역을 위해 봉사하고 싶다는 생각이 듭니다. 자발적으로요. 저는 아이를 학교에 보내니까 엄마들이 아이들 급식 당번하는 걸 알잖아요. 그런데 그건 학교에서 봉사활동이라는 명목으로 엄마들을 동원하는 거예요. 학교에 도서관이 있으면 사서를 월급 주고 고용하지 않고 엄마들이 자원봉사를 하게 합니다. 저는 이런 생각이 들어요. 학교 급식 배식하는 것까지 엄마들 노동력을 착취해서 운영하는 게 아니라, 어르신들께 한 시간에 2만 원 주는 일자리로 만드는 사업에 연결시키면 얼마나 좋을까. 왜 모성이라는 명목으로 엄마들을 불러서 무급으로 일을 시키나요.

김춘화 선생님의 삶을 보면 그분은 지역에서 꼭 필요한 일꾼으로 성장을 하고 있고, 또 그분이 지역을 성장시키고 있다는 것을 알 수 있습니다. 예를 들어 볼게요. 김춘화 선생님의 얘기 중에 되게 재밌게 들었던 얘기가 있어요. 아이가 남녀공학을 다녔는데 "나 학교 그만 둘 거야. 안 가." 이러니까 애를 매일 등교시켰어요. 그렇게 3년 동안 학교에 다니시면서 자원봉사도 하셨는데 뭐였냐면 미싱이었어요. 고등학생 아이들이 치마 짧게 입잖아요. 애들이 그것 때문에 수도 없이 벌점을 받고 선도위원회에 회부되니까, 김춘화 선생님이 치맛단을 쫙 내리고 드르륵 박아 치마 길이를 늘여 줬어요. 그러니까 학교에서 아예 미싱을 사 줬대요. 선생님은 3년 동안 미니스커트를 단정하게 해 주는 일을 하시면서 아이들이 변해 가는 모습을 보셨다고 합니다.

　여성들의 자원봉사는 학교를 변화시키고 따뜻하게 만들 뿐만 아니라 지역사회에 공헌하는 여성 본인의 일상을 보람차게 바꿔요. 하지만 기억해야 할 것은 당연히 유급으로 고용을 창출해야 할 자리를 자원봉사라는 명목하에 여성들의 인력으로 때우는 사회가 될 위험이 있다는 거예요. 저는 분명히 여성들의 자원봉사를 둘러싼 빛과 그림자가 있다고 봅니다. 국가가 반드시 해야 될 게 있으면 돈을 주고 해야 일자리도 창출되는데, 베이비부머 세대에 전업주부가 많다 보니 자꾸 여자들이 제가 가서 한다고 할 수 있어요. 하지만 당연히 국가가 해야 될 일은 요구를 해야 합니다. 국가의 힘으로도 안 되는 사각지대가 있다면 여성이든 남성이든 가서 봉사를 하며 본인도 성장하고 지역사회 발전에도 기여해야 된다고 생각합니다.

사　마지막 질문인데요. 제가 몇 달 전에 신문을 봤는데 고독사한 한 남성을 봤습니다. 그 남성의 핸드폰을 봤더니 번호가 딱 세 개만 있는 거예요. 전 직장 전화번호, 자주 가는 식당 번호, 그 다음에 친구 한 명. 그러니까 이 분은 모든 관계가 단절돼 버리고 고독하게 죽은 건데요. 퇴직 이후에 특히 남성들이 새로운 관계를 잘 못 만들잖아요. 여성들은 같이 수다를 떨기도 하고 새로운 관계도 다양하게 만들어 가는데 남성들은 무뚝뚝해요. 저도 마찬가지입니다. 그래서 퇴직 이후에 사회적 관계망들을 어떻게 복원하고 잘 만들 것인지가 실질적으로 중요한 문제라고 봅니다. 어떻게 보면 저희들에게는 생존의 문제일 수도 있을 거 같은데요. 사회적 관계를 어떻게 새롭게 만들 것인지, 관계를 만들 때는 어떤 태도를 갖는 것이 좋을지 궁금합니다.

김　간단하게 먼저 말씀드리겠습니다. 고독사를 말씀하셨는데, 고독사가 가장 많은 연령대는 6, 70대가 아니라 50대입니다. 도시, 농촌 할 것 없이 압도적으로 높습니다. 노인들의 경우 복지 체제가 있어 계속 모니터링이 되는데 50대는 사각지대에 놓여 있거든요. 어느 날 실직하고 가족과 이별한 뒤 떠돌며 술 먹다가 사망하는 경우가 상당히 많아지고 있습니다. 카톡 친구도 늘어나고 페북 친구도 많아지고 하지만 정작 힘들 때 찾아갈 친구가 없어요. 말씀하신 대로 남자들은 직장에서 맺은 공적 관계가 전부이다시피 했는데 그게 없어지면 공중에 붕 떠 고립된 섬처럼 살게 됩니다.

정광필 선생님의 인터뷰에서 많은 시사점이 있었습니다. 50+ 인생학교에서 베이비부머 세대들이 모여 전혀 새로운 문화와 관계를 만들어 내고 있다고 말씀드렸었는데요. 저는 궁금했어요. 어떻게 가능한 것일까? 그 나이에. 나이가 들수록 자기의 기질이 다 굳어져 있는데 말이에요. 정 선생님이 '말랑말랑한 것'이라고 표현하신 활동이 있어요. 〈건축학개론〉을 보고 본인 삶의 서사를 쭉 훑으면서 자신의 인생 궤적이 어떻게 흘러왔는지 서로 이야기하는 거예요. 그러다 보면 자기를 열게 되고 서로를 새롭게 발견하게 됩니다.

이런 장이 무척 중요해요. 그냥 우리 새롭게 만납시다. 관성대로 하면 안 된다고 생각합니다. 새로운 매개체가 있어야 합니다. 예술 체험일 수도 있고요. 학습일 수도 있고, 자원봉사일 수도 있습니다. 만약 자기들의 폐쇄적인 이해관계가 있다면 이것을 매개로 해서 이왕이면 세상에 조금 더 이로움이 되는 목표를 향해 서로 한 걸음씩 나아가는 겁니다. 그러면 관계 만들기도 어렵지 않을 거라고 생각합니다.

고　　저도 한 말씀만 덧붙이자면, 이 고독사라는 말을 바꿔야 한다고 생각합니다. 그런 칼럼을 쓴 적도 있지만 고립사라고 불러야 합니다. 고독사라는 말은 너무 낭만적이어서 이 말에 어떤 함정이 있는 거 같아요. 사실 관계의 고립에서 나오는 죽음이거든요. 고독과 고립은 다르지 않습니까? 고독은 심심한 게 아닙니다. 고독할 수 있는 힘이야말로 어찌 보면 나이가 들수록 살아가는 힘이 되는 거 아니겠습니까. 그런 측면에서 바라본다면 고독이란 말을 부정적으로 쓰지 않도록 용어를 전환해야 한다고 봅니다.

제가 상반기에 50+인생학교에서 13주 정도 교육을 진행했는데요. 그분들은 새로운 강좌를 배우는 것도 즐거워하시지만 커뮤니티 활동을 가장 좋아하세요. 몸을 움직여서 춤을 춘다든가 어디를 가서 전부 다 자리에 누워 한 40분 정도 밤하늘의 별을 보게 한다든가, 오히려 그런 걸 좋아하시더라고요. 그중에는 천문학자도 계셨어요. 제가 공자님 앞에서 문자 쓴 셈인데요. 이 활동을 기꺼워하시더라고요. 우리와 함께 소소한 얘기도 나누고 시시한 얘기도 하면서 자기 안에 말랑말랑한 힘이 생겨나는 과정들이 마음에 작용을 하나 봐요. 나이가 들면 어린애처럼 군다는 말 하지 않습니까? 그 말을 나이가 들면 어린애가 되자는 말로 전환할 필요가 있어요. 어린애가 된다는 것은 어떻게 보면 두 가지 특징이 있지 않습니까? 호기심이 있잖아요. 또 하나는 무엇에 대해서 질문을 하지 않습니까? '이거 뭐예요?'라고 물어 보는. 아래 세대든 동년배 세대든 어린이의 마음으로 호기심을 갖고 질문을 던지는 게 필요한 거 같습니다.

그리고 한 말씀만 더 붙이면요. 제가 올해 서울문화재단이나 한국문화원연합회 등 여러 재단에서 노인 관련 프로그램들을 많이 들여다봤어요. 그러면서 느낀 바가 있습니다. 노인 복지관에서 이루어지는 문화프로그램들이 대체로 안 좋아요. 왜 그럴까요? 노인 복지관이 어찌 보면 연령 폐쇄적인 시설이라고 말할 수 있잖아요. 말하자면 끼리끼리만 모인다는 거예요. 좀 더 확장이 돼야 해요. 사회로 마을로 확장이 돼야 합니다. 노년 세대가 연령 폐쇄적인 시설이나 프로그램에 갇혀 있지 않고 젊은 세대, 더 어린 세대하고 만나게 하는 것이 문화 정책이나 사회정책적 차원의 숙제라고 봅니다.

사   네. 그럼 지금부터 질의 시간을 갖도록 하겠습니다.

제2막 인생인데요. 앞으로 2막 인생을 가장 후회 없고 보람 있게 살 수 있는 최고의 방법은 무엇인지 말씀해 주시면 좋겠습니다. 가장 바람직한 삶은 어떤 것일까요?

고   제가 한 9년 전에 경기문화재단 전문위원 일을 하다가 때려치웠습니다. 당시 40대 초반이었는데 어느 날 갑자기 제가 크리넥스 티슈처럼 쓰고 버리는 존재가 돼 버린 느낌이 들어서요. 아무런 대비 없이 그만두고 1년 동안 배를 엄청 곯았어요. 배가 엄청 고프더라고요. 3개월 정도는 나의 퇴직 사실을 적들에게 알리지 말라며 집에 담 쌓아 놓고 은둔형 외톨이처럼 책을 봤습니다. 그러다 보니까 사람들이 조금씩 연락을 하더라고요. 김수영 시인이 '구원은 예기치 않은 순간에 온다'는 아주 멋진 얘기를 했는데요, 저는 그 말이 좀 맞는 거 같아요. 우정의 힘, 네트워크를 통해서 사람들이 글을 써 달라, 거짓말을 해 달라, 뭘 해 달라, 온갖 제의를 해 오는 거예요.

거기에 부응하는 삶을 살게 되면서 나답게 살고 싶다는 생각을 했어요. 그때 친구들은 세상이 시베리아라고 많이 얘기했는데요, 제가 9년간의 백수 생활을 중간 결산해 본다면 세상은 분명히 시베리아인 것 같습니다. 하지만 시베리아에도 온천이 있다, 사람과 사람 사이에 온기가 있더라, 이런 결론을 내리고 싶습니다.

선생님 질문에 적절한 답변이 됐는지 모르겠습니다만, 제가 《논어》를 다시 보다가 눈에 확 띄는 구절이 있었어요. '근자열원자래近者悅遠者來'라는 말인데요. 가까이 있는 사람과 함께 즐겁게 지내면 멀리 있는 사람이 저절로 찾아온다는 뜻입니다. 즉, 내가 즐거워야 한다는 뜻이에요. 여행일 수도 있고 음악이나 공부가 될 수도 있고 또 다른 무엇일 수도 있어요. 연애가 될 수도 있죠. 어떤 것일지 모르지만 선생님의 마음이 동하시는 것, 그걸 지금 당장 하시면 되지 않을까라는 생각이 듭니다.

조　　제 생각 잠깐 말씀드릴까요? 여기 남성분들도 계셔서 말씀드리기가 조심스러운데요. 불쾌하실 수도 있어요. 그런데 저희 친정엄마도 그러세요. 나이 드신 여성이 노년을 가장 즐겁고 행복하게 보내려면 주변에 밥해 줘야 하는 사람이 없는 삶이 돼야 합니다. 밥과 빨래를 해 줘야 하고 물 떠다 줘야 하는 사람이 옆에 있으면 굉장히 괴롭거든요. 그래서 여성들이 졸혼, 이혼을 생각하고 황혼 이혼 같은 현상이 늘어나는 겁니다.

실버타운에서 가장 만족도가 높은 경우가 여자 친구끼리 지내는 분들이고요. 그다음이 혼자 지내시는 분, 만족도가 가장 낮은 경우가 부부입니다. 실버타운 가서도 여자는 또 남자를 뒷바라지해야 되는 삶이면 마지막 가는 길까지 얼마나 고달프겠어요. 그래서 저는 여성들에게 자유가 주어졌으면 좋겠고 남성들은 최소한 자기의 밥과 반찬과 빨래, 다림질을 스스로 할 수 있었으면 해요. 하지만 저희 친정아버지가 아무것도 안 하세요. 저는 여성의 제2막 인생이란 밥 좀 안 하고 사는 삶이라고 생각합니다. 남성들은 여성들이 밥 안 하고 사는 삶을 돕는다기보다 그런 삶에 같이 부응해야 한다고 봅니다. 그렇게 했을 때 서로가 상생하는 제 2의 인생이 될 수 있을 거 같고요.

또 하나 말씀드리자면 탈자본주의적인 삶을 살아야 할 거 같아요. 물론 노후에도 돈이 있어야 하죠. 자본주의 사회에서 돈이 없으면 안 되니 노년을 위해 여러 가지 재테크, 은퇴 준비를 해야 된다는 얘기를 하세요. 그런데 노후 대책 생각이 들기 시작하면 답이 없거든요. 몹시 궁색하게 살자는 건 아닙니다. 하루에 두 끼 먹는다면 한 끼는 감자나 고구마, 옥수수 삶아 먹고 밥은 한 끼 정도 먹고, 친구들 만나서 막걸리도 한 잔 해야 하죠. 아니면 친구들을 집에 데리고 와서 김치전을 부쳐 먹든지. 최소한 이 정도로 살면서 탈자본주의적인 삶을 고민한다면 돈을 적게 쓰면서도 풍요로운 삶이 되지 않을까 싶습니다.

조주은 선생님께서는 봉사 쪽으로 강조를 하셨는데 제가 요새 자주
듣는 얘기로는 여행을 하면서 배우는 것이 많다고 합니다. 여행이라
든지 음악을 즐기며 지내는 것도 보람 있는 삶일 수 있는데요. 이 점
에 대해서는 어떻게 생각하시는지요. 즐겁게 생을 마감하는 것도 괜
찮지 않나 싶어서요. 고독사도 예방할 수 있고 힐링할 수 있지 않을
까요.

조　　사실 저는 그동안 살면서 여유가 없어서인지 국내든 국제
든 여행을 많이 다녀 보지 못했습니다. 앞으로는 기회를 만들어
서 여행을 하며 많은 것들을 배우고 성장하고 싶습니다. 아직까
지 여행의 즐거움을 몰라서 아쉽기는 합니다만, 제가 음악은 참
좋아합니다. 문화·예술을 굉장히 사랑하는 사람 중 하나죠. 사
회생활을 하다 보면 정신적으로 큰 충격을 받거나 상처받는 일
이 종종 있습니다. 그럴 때 음악을 비롯한 문화·예술에 대한 애
정이 있으면 충격에서 건강하게 벗어날 수 있는 것 같아요. 내면
에 회복 탄력성이 생기는 거죠.

　　그리고 제가 노후에 정말 중요하다고 생각하는 건 내 안의 영
성을 계발하는 것입니다. 종교 생활을 할 수도 있습니다. 어떤
종교라도 좋습니다. 노후에 종교 생활을 하면 내면에 굉장히 큰
힘이 되는 거 같아요. 아까 제가 보람이 있어야 한다고 했지만
사실 보람보다는 내 인생이 즐거워야 되겠죠. 연애든 뭐든 남한
테 피해를 주지 않는 선에서 즐겁게 살아가는 게 중요한 거 같

아요.

사   조주은 선생님께서 여성을 행복하게 하기 위해서는 밥에서 해방돼야 된다는 말씀을 하셨는데, 저는 이제 앞으로 햇반만 먹고 노년을 살아가도록 하겠습니다. (웃음) 귀중한 정보 감사합니다. 그럼 마지막 질문 받겠습니다.

아까 고영직 선생님께서 복지관 프로그램에 대해 말씀해 주셨잖아요. 어르신들만 모이기 때문에 그렇게 말씀하신 거 같은데 사실 제가 복지관에서 근무를 합니다. 그러다 보니 어른들을 많이 접하거든요. 선생님 말씀을 듣기 전까지는 복지관 프로그램이 참 괜찮다고 생각을 했는데 귀가 번쩍 뜨이는 거에요. 젊은 사람들하고 같이 섞어서 종합 복지관 식으로 운영하자는 말씀이신 건지, 복지관이 너무 노인화되기 때문에 언급을 하신 건지 궁금합니다.

고   아까 상당히 조심스럽게 말씀드렸어야 했는데요. 제가 노인문화프로그램에 관심이 많아서 현장을 자주 둘러보니, 거기 참여하시는 어르신들께서 어떤 면에서는 보고 싶은 것만 보고 듣고 싶은 이야기만 듣는 확증 편향이 강화됐다는 뜻이었습니다. 지난 6월 말에 한국노인종합복지관협회에서 강연 요청이 와서 거기 계신 200여 분께도 같은 말씀을 드렸어요. 모든 노인문화프로그램이 다 나쁘다는 게 아니고요. 다만 연령 폐쇄적인 시설에서 연령 폐쇄적인 프로그램을 진행할 게 아니라, 어르신들이 평소에 늘 만나던 사람만 만나지 말고 다른 사람을 만나도록 하는 게 중요하다는 겁니다. 젊은 세대와 어울려서 좀 더 마음을 열면 어떨까 싶습니다. 그동안 살아온 관성이 있어 쉽지는 않으실 거예요. 그래도 우리가 좀 온건한 이기주의자가 되어야 할 필요가 있습니다. 사람은 자신의 생명을 보호하고 생존을 지속하려는 속성이 있긴 합니다만, 제가 봤을 때는 어르신들이 좀 과도하게 보고 싶은 것만 보고 커뮤니티 안에서 통용되는 것이 세상의 모든 것인 것처럼 생각하는 폐쇄적인 경향이 있다는 차원에서 말씀드리는 겁니다. 우리나라에 노인 복지관이 한 320개 정도 되더라고요. 지자체나 국가의 지원을 받아서 세운 건데요, 노인문화프로그램도 정책 차원에서 확장이 될 필요가 있다고 봅니다.

서울시 같은 경우는 마을로 가게 하잖아요. 종합 복지관이 되어야 하고 강사를 파견하는 방식은 아니라고 봅니다. 제가 한 3년 전에 경상북도 칠곡에 계시는 할머니들 시를 모아 시집을 냈거든요. 그 시집이 시쳇말로 대박이 났어요. 지금까지 무려 1만 6,000부가 나갔어요. 그게 예술 강사를 복지관에 파견해서 된 게 절대 아닙니다. 지역에 뿌리를 내리는 예술 강사들을 발굴해야 하고 그 사람들이 어르신과 함께하며 서로 변화해 나가는 게 중요합니다. 그런 측면에서 봤을 때 많은 노인문화프로그램들에 아쉬운 점이 있습니다.

사　　이걸로 오늘 우리 토론회를 마칠 텐데요. 마지막으로 우리 세 분 토론자들께 느낀 점을 짤막하게 듣도록 하겠습니다. 한 분씩 말씀해 주세요.

김 나이가 들수록 변신의 즐거움을 많이 누리면 좋겠다는 생각을 합니다. 저도 지금 아내가 밥을 안 해도 되는 단계로 점점 가고 있거든요. 청소는 무조건 제가 다 하고, 쓰레기도 치우고 있습니다. 아직 햇반은 아니지만요. 그런데 그게 재밌어요. 새로운 도전이고 나를 위한 것이기도 하고 또 아내가 즐거워야 저도 즐겁잖아요. 요리도 하나씩 배워가고 있습니다. 그냥 내가 생각했던 나를 바꿔 보는 겁니다.

고 저도 내년에 만 50세가 되는데요. 나이가 들수록 계속 술 마실 수 있는 친구들을 꾸준히 제 옆에 둬야겠다는 생각을 합니다. 동네 술집에서 같이 술 마시는 게 참 중요한 거 같더라고요. 그런 친구들이 아직은 제 곁에 있는데요. 저도 친구들 곁에 있어주기 위해 노력해야겠다는 생각을 하고 있습니다.

조 요즘 말 많은 사람을 보면 '참 꼰대구나'라는 생각이 들면서 싫어질 때가 있어요. 그런 사람들 보면 너무 피곤해요. 그런데 저도 어느 순간 굉장히 말이 많아지거든요. 그래서 내가 누군가에게 꼰대처럼 보이지 않고 지혜로운 사람이 되기 위해서는 말을 조금 줄이고 내 내면으로 들어가야겠다는 생각을 많이 합니다. 이런 연습을 하면 주변의 영향을 덜 받고 행복하게 살 수 있을 것 같아요.

제가 희망의 노년, 성숙한 중년이 되기 위한 전제들을 한번 생각해 봤어요. 먼저 자기 내면의 상처를 직면하고 보듬고 안아 주면서 자신의 열등감을 스스로 극복할 수 있는 사람이 되어야 한다고 생각해요. 한마디로 얘기하면 자신의 몸과 마음을 보살필 수 있는 사람입니다. 예를 들어 버럭버럭 화를 잘 내는 사람들은 열등감이 너무 많은 사람들이에요. 사람들한테 "너는 왜 그렇게 화를 잘 내? 짜증을 잘 내?" 이런 말을 듣는 분들은 내 안에 울고 있는 어린 아이가 있는 거예요. 혹시라도 내가 화를 잘 내고 짜증을 잘 내는 사람이라면 내 안에 있는 상처를 한번 들여다보시고 성찰하는 시간을 가지세요. 열등감을 극복하면 타인에게 관대해질 수밖에 없습니다.

두 번째로 혼밥과 혼술을 할 줄 알아야 돼요. 혼자 요리해서 밥 먹고 술 마시고 산책할 줄 아는 사람은 다른 사람과의 관계도 성숙하게 잘 맺을 줄 압니다.

그리고 노년하면 돈 얘기가 가장 먼저 나와요. 보험, 연금을 이야기하시는데 제가 볼 때는 이건 그냥 최소한의 경제적 능력이에요. 돈 쌓아 놓고 건물이 있어도 그냥 돌덩이에요. 자기 자신, 주변 사람들과 나누고 때로는 통크게 베풀 줄 알아야 합니다.

마지막으로 자기만의 콘텐츠를 갖추는 게 필요합니다. 이거 너무 중요한 거예요. 자기 가족 얘기만 하지 마세요. 다른 사람들은 지겨워요. 대화 주제가 풍부하면 주변 사람들과의 관계도 충만해집니다. 취미·여가·문화생활을 하시고, 공동체 속의 일부로서 내 주변이나 내가 살고 있는 지역을 더 좋은 방향으로 발

전시키기 위해 아주 작은 것이라도 하세요. 나이 50 넘었잖아요. 이제 뭐가 두려워요. 용기를 가지세요. 대신 남의 눈살을 찌푸리게 하는 추태는 부리면 안 되죠.

사 네. 마무리 멘트를 좀 하려고 했는데 말 많은 사람 싫다고 해서 갑자기 말문을 닫도록 하겠습니다. 지금 한국 사회에서는 시니어를 사회적 짐으로 여기는데 적극적으로 살아간다면 시니어들은 사회적 짐이 아니고 사회적 힘이 될 수 있다는 것을 우리가 보여 줄 수 있으면 참 좋겠습니다. 긴 시간 동안 이렇게 참여해 주시고 질문해 주시고 경청해 주셔서 너무 감사드리고요. 오늘 얼마나 도움이 되셨는지 모르겠습니다만 댁내 두루 평안하시길 바랍니다. 마지막으로 '밥 대신 햇반'이라는 거, 오늘 여기서 배웠습니다. 대단히 감사합니다.